小学館文庫

京都深掘りさんぽ

グレゴリ青山

小学館

はじめに

この本は'17年に『深ぼり京都さんぽ』というタイトルで出版された単行本を文庫化したものです。

その年の、〝京都ガイド本大賞〟という地元京都の書店員さんたちが選ぶ京都のコアファン向けの〝リピーター賞〟というのをいただいた、ちょっと濃いめのガイド本です。

この本では、通常のガイドブックには紹介されることの少ない場所や見どころを、それぞれその道のツワモノに案内してもらいました。

きっと、京都リピーターの方が読んでも、そして、地元京都の人が読んでも知らんかった！　というところが多いと思います。

文庫化するにあたって情報を新たにしたり、漫画を描き直したり、描き足したりしました。

そして何より、文庫本サイズになって、さんぽのお供に持ちやすくなりました。

ぜひぜひこれを持って、掘っても掘ってもいろいろ出てくる京都、一緒に深みにはまっていきましょう。

《京都人の京都知らず》

皆さんこんにちは
京都生まれ京都育ちの漫画家
グレゴリ青山です

今は亀岡（かめおか）市に
住んでいます

そこは京都とちゃうやろ！

あら？ 山の向こうから
何か聞こえるわ…

略して（グ） 性別は女性です

さて（グ）の脳内辞書には
こんなことわざが
あります

グ辞苑

ぱらり

【京都人の
京都知らず】

行けば楽しい〝京都〟も
あぁん？ 金閣寺？
まあ 近いし いつでも ぴゅって 行けるわ
食べればおいしい〝京都〟も
へえ〜 ○○さんとこの 漬けもん おいしいん？
せやけど うっとこ漬けもんは △△さんとこと 決めてまっさかい
知ればおもしろい 〝京都〟も みすみす 見逃して いること
非常に もったいない ことのたとえ
類似することわざに
〝論語読みの 論語知らず〟 〝宝の持ち腐れ〟 などがある
いや もう 実は(グ)も 京都漫画を 描くまで ホンマ
パタン
グー辞苑
〝京都人の 京都知らず〟
やったん ですわ
ふぅ
なあ なあ それ言う時の 京都人ってなんか ちょっと得意気とちゃう？

今回 この本では
京おんなに東寺周辺を案内して
もらったり
私 何度も
東寺に来てるのに
こんなん
あるなんて
知らん
かった
ふふふふ
伝統工芸ライターさんや
ベラルーシ女性に
ふふふ…
へえ～
こんな世界が
あったん
知らんかった
グ
フフフ…
知られざる京都美を教えて
もらったり
江戸時代から続く京町家の
奥のほうまで潜入したり
今まで自分の家の
価値に気づき
ませんでした
まさに
〝京都人の
京都知らず〟
やな…
グ

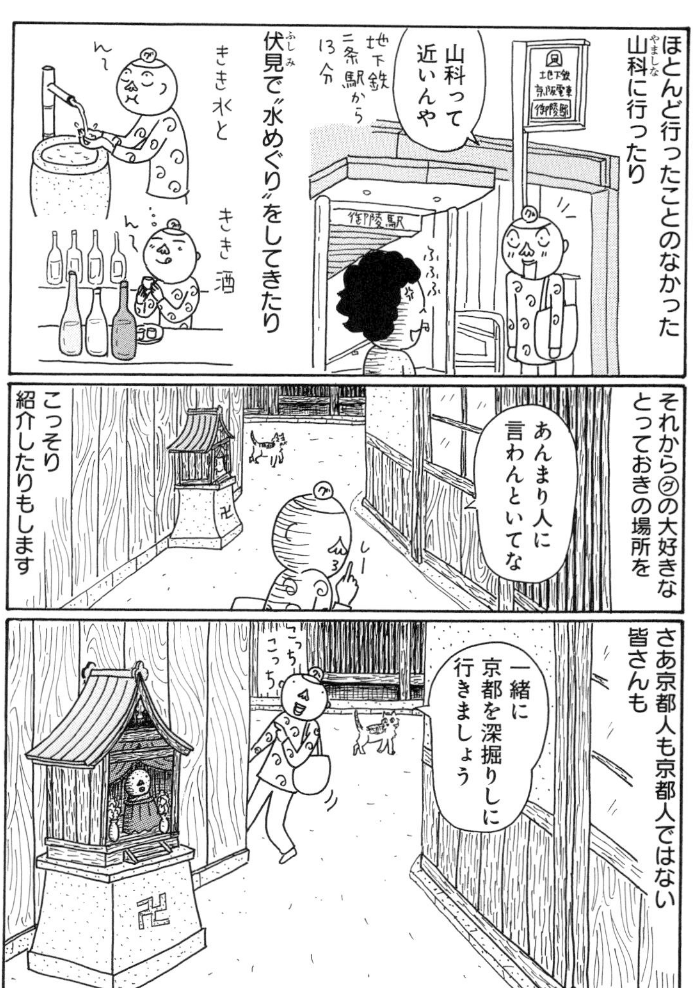
ほとんど行ったことのなかった
山科に行ったり
地下鉄
京阪電車
御陵駅
御陵駅
山科って
近いんや
地下鉄
二条駅から
13分
ふふふ
伏見で〝水めぐり〟をしてきたり
きき水と
ん〜
ん〜
きき酒
それから㋘の大好きな
とっておきの場所を
あんまり人に
言わんといてな
しー
こっそり
紹介したりもします
さあ京都人も京都人ではない
皆さんも
一緒に
京都を深掘りしに
行きましょう
こっち
こっち

京都ざっくり地図
この本に出てくる場所のだいたいの位置です
哲学の道
大豊神社
毘沙門堂
山科
JR →至大津
地下鉄東西線
醍醐寺
醍醐
六地蔵
至宇治
京都の市バスはほとんどあと払い
あると便利
観光用の地下鉄・バス路線図
見たい 知りたい 行きたい
観光マップ
地下鉄バスなび
JR 京都駅前 バス総合案内所 地下鉄総合案内所などで無料でもらえます
バス一日券
¥600
市バス 京都バス 均一運賃区間内なら600円で1日乗りほうだい

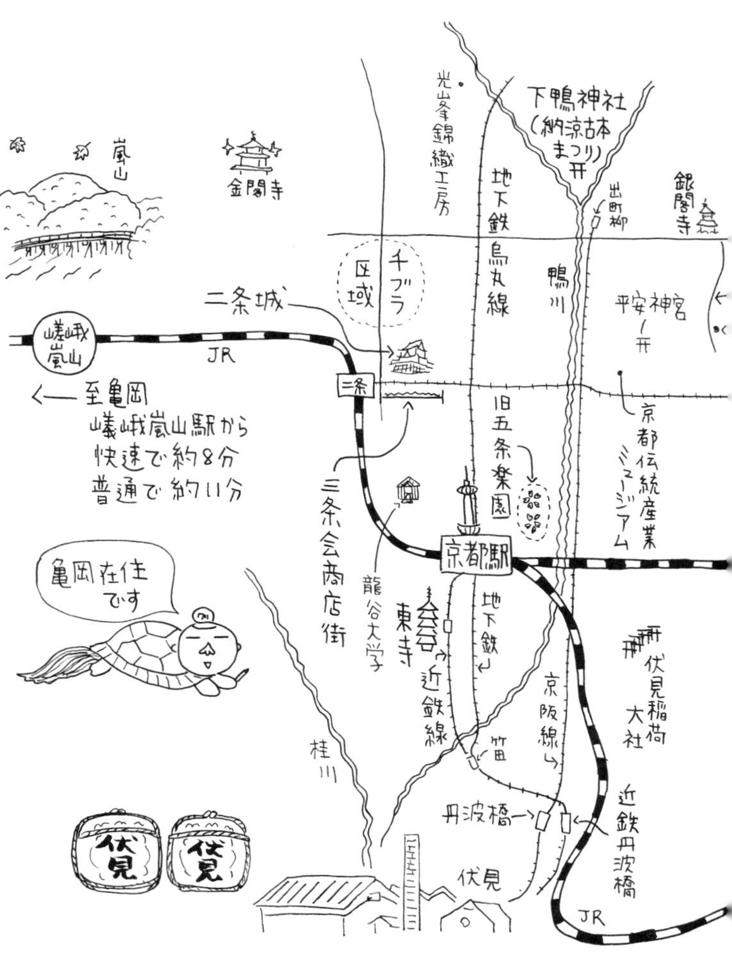
嵐山
金閣寺
光峯錦織工房
地下鉄烏丸線
下鴨神社（納涼古本まつり）
出町柳
銀閣寺
チブラ区域
鴨川
平安神宮
二条城
嵯峨嵐山
JR
二条
<— 至亀岡
嵯峨嵐山駅から
快速で約8分
普通で約11分
三条会商店街
旧五条楽園
京都伝統産業ミュージアム
京都駅
亀岡在住です
龍谷大学
東寺
地下鉄
近鉄線
京阪線
伏見稲荷大社
桂川
竹田
丹波橋
近鉄丹波橋
伏見
伏見
伏見
JR

もくじ

伏見

第3章　京都人の京さんぽ

文庫版おまけガイド

京都人の京都知らず
〝あるある〟

実は祇園祭の山鉾（やまほこ）巡行を見に行ったことがない

えーんやーらやー

コンチキチン

いやホラ
けっこう雨の日多いし
人も多いし… まあ来年こそ
いっぺん行ってみよかな うん

でも(グ)は昔 祇園祭の宵山（よいやま）の
日に露店でビールとちまきを
売ったことがある

ビール冷え冷えでーす

ちまき（中華）はホカホカー

ねーちゃん ビール一本

中華ちまき

ジュ

ビール

→四条烏丸近くの飲茶屋さんのバイト

第1章

京都人、京都を発見する

京おんなさんぽ①
《東寺の謎》

そして そこに住む京都人もまた——

グレさん お待たせー

あ 貴子さん こんにちはー

今日は京おんなの友人 田中貴子(たなかたかこ)さんと
毎月21日に開かれる東寺の「弘法市(こうぼういち)」にやってきた

実は㋘は貴子さんに会う時ちょっとキンチョーする
グレさん東寺に"猫の曲がり"ってあるん知ってる？
だって
猫の曲がり？
東寺の東南の角は
なぜか"猫の曲がり"って呼ばれてるん
つや
ぴか
ネイルアート
へぇー
美人さんでまぶしいし
その上
あ 今工事中やわ
昔 ここに白虎の瓦があったとか 猫の捨て場だったとか いわれてるけど
由来は謎で文献にもまったく出てきいひんの
文献…
鎌倉時代から南北朝時代における仏書や神書の説話を研究されている甲南大学の教授だからだ
貴子さんは「京都論」も書かれていて
グレゴリさんの本 とても興味深い内容でした
ほえー
共通の友人を通じて知り合い
それから友人を交えてよく女子会をするようになったのだ
いつもオシャレ
かんぱーい
うふふ
あはは
でも二人だけで会うのは今回が初めて

なので
私のアホがバレたらどうしよう…
グ
ドキ
ドキ
とキンチョーしてたのだ

でも──
グレさん 東寺に夜叉神堂ってあるん知ってる？
夜叉神堂？
これもまた東寺の謎なん

この二つあるお堂やねんけど
あれ？ こんなとこにお堂があるん気がつかへんかった

もともと東寺の夜叉神は南大門の左右に安置されてたけど拝まないで通るとすぐバチが当たったとか
へー

ここの夜叉神が不思議なんは
いつ頃から そう言われるようになったんか文献にもないんやけど なぜか〝歯の守り神〟ってことになってるん
キリッ
グ
歯？
この格子の間から見えるし
どれどれ

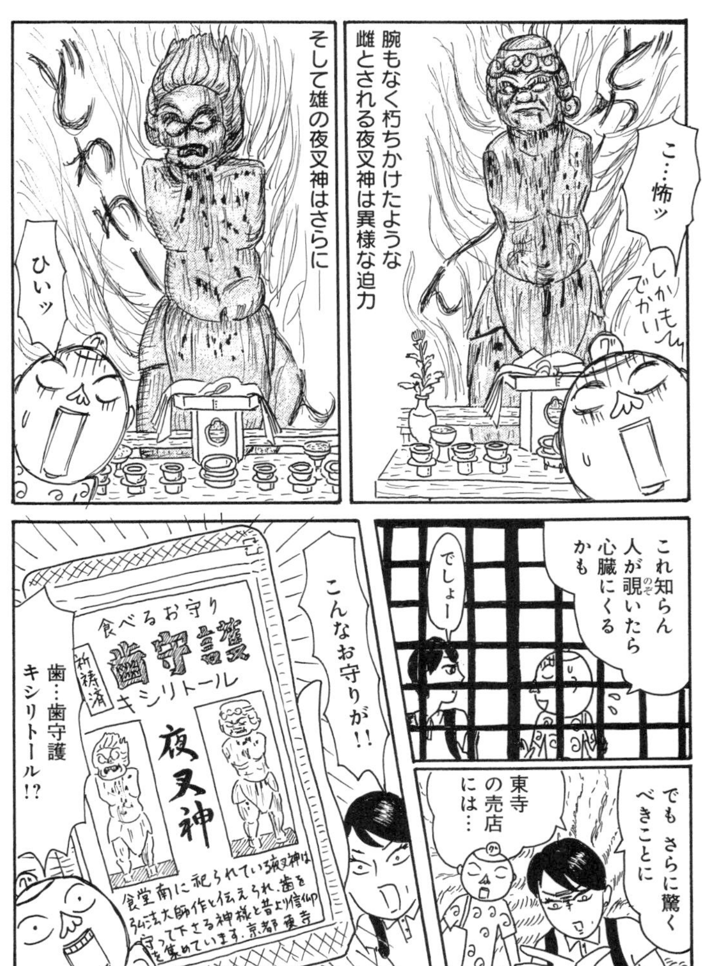
腕もなく朽ちかけたような
雌とされる夜叉神は異様な迫力
こ…怖ッ
しかもでかい
そして雄の夜叉神はさらに―
ひぃッ
これ知らん人が覗いたら心臓にくるかも
でしょー
でもさらに驚くべきことに
東寺の売店には…
こんなお守りが!!
食べるお守り
祈祷済
歯守護
キシリトール
夜叉神
食堂南に祀られている夜叉神は弘法大師作と伝えられ、歯を守って下さる神様と昔より信仰を集めています。京都東寺
歯…歯守護キシリトール!?

中身は
ラムネ菓子
しかも
600円も
するん
ん?
買う人いるんやろか?
こうして見ると夜叉神って
虫歯みたい…
だから歯の神様とか
すごい失礼
でもそんなこと言ったら
アホと思われるかな…
あッ
このハンカチ
見て
この文様
ガーゼハンカチ
ん? 何かの法具?
そう羯磨(かつま)っていう密教の
法具やねんけど——
ステキ♥
買おうかな
え
ステキ…
これが…
なのか?
あの…
このハンカチ
ときめく?
ときめく!

売店には他にも曼陀羅文様のハンカチがあったので
貴子さんこれもときめく？
グ

持ってる！
全種類！
そのときめきには迷いがないようであった

東寺の食堂でも弘法大師や梵字の入ったTシャツが売っていて
これは梵字で〝あ〟って読むん
あ こっちに長リデ
色ちがいもあるんや
真剣に物色

そして
うーん…
20000円か…
10000円やったら買うんやけど…
やっぱりやめとくわ
あ 京都人や

ここで京都人ワンポイント❤
京都人はモノを買う時散々ひっくり返して見たあと
やっぱりやめとくわ
ふっ
戻しっ
と言って買わないことが多いよ！

食堂には他にも掛け軸やお守りなどいろいろ売っていた
あ 絵心経の手ぬぐい
絵心経？
そう 昔 文字が読めない庶民のために般若心経を絵で理解できるようにしたもんなん

これは「お釜」を逆さにしたので「まか」次は般若の面で「はんにゃ」お腹(なか)の「はら」
まか
はんにゃ
はら
へー おもしろい それにこの絵素朴でええ味わい
しかもこれ350円やて
えっ
おもしろい上にお経でありがたくて350円!
しかも手ぬぐいとして使えるし
これはときめく!
京都人ワンポイント
しぶちんな京都人は値段以上に値打ちがあってお得感の高いものが大好きだよ!
ふふ ええもん買えたなあ
そんなワケで
この袋もありがたい感じ
京都 東寺
東寺も貴子さんも
貴子さん お昼はまむしでどう?
あ ええなあ まむし大好き
いつもより新鮮に感じる弘法さんの日であった

弘法さんの日ぃ限定

毎月21日は東寺の〝弘法さん〟の縁日。
この日に境内に出店する露店は1200以上もあるとか。
ここでは東寺近くのお店で21日だけしか
手に入らない魅惑の限定品を紹介しましょう。

鮒末（ふなすえ）の「まむし」

普段は川魚を売る魚屋さんだけれど、弘法さんの日だけは店内——というか家の中に入って「まむし（うな丼）」が食べられます。

鮒末自慢の
川魚煮

鮒末

お店の中へ入っていく

よく京都に町家を改装したカフェやレストランがあるけど、ここはもう町家そのもの、人の家の中。しかも——昭和で時間が止まっています。

うわ…うっとこ（私の家）のお茶もこれやった…

トイレどこー

エンサキにあるわ

エンサキ（縁側）なんて言葉久々に聞いた

ヤカンに番茶入れっぱなし

もちろん100年以上注ぎ足されたタレをつけて炭火でじっくり焼かれるうなぎは、京都の歴史がしみ込んでいます。

御菓子司 東寺餅の「焼きよもぎ大福」

東寺の北東側にある〝御菓子司 東寺餅〟では、21日は店先で「よもぎ大福」を焼いて販売。香ばしさとボリュームに「大いなる福」を感じます。弘法さんの日じゃなくても、この〝おまん〟はどれもおいしく、特に「亥の子餅（イノシシの子どもの姿に似ているのでこの名がついたとか）」はニッキの風味が絶品！ 大好物です。

京菓匠 笹屋伊織の「どら焼」

〝どら焼き〟といえば丸い形が一般的だけど、ここの「どら焼」は棒状のこしあんを薄皮でくるくると巻いた〝反物〟のような形。買ってすぐに食べてもおいしいけど、竹皮で巻かれた「どら焼」は、日がたつほどに味がしみてきて、よりおいしく感じます（ちなみに賞味期限は製造から7日間）。毎月20・21・22日のみの販売です。

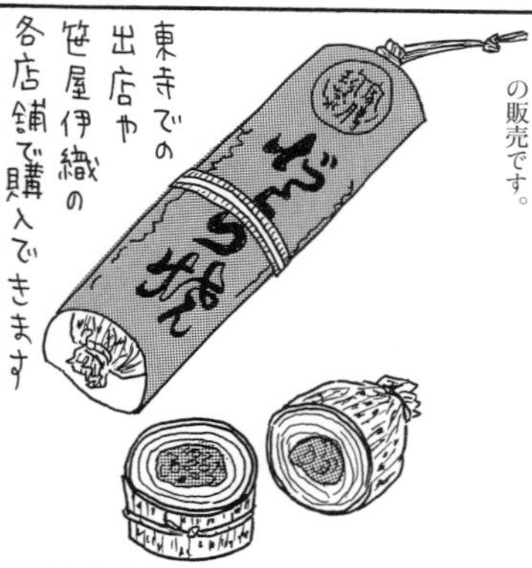

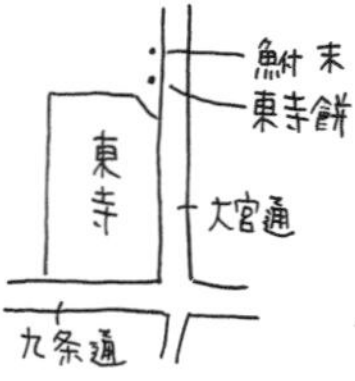

東寺での出店や笹屋伊織の各店舗で購入できます

鮒末
10時～16時（イートインは毎月21日のみ）
不定休　☎075-691-5804

御菓子司 東寺餅
7時～19時　毎月6・16・26日休（日曜・祝日の場合は営業）
☎075-671-7639

京菓匠 笹屋伊織 本店
9時～17時　火曜休（20～22日の場合は営業し、23日に振替休日）　☎075-371-3333

京おんなさんぽ②《京都人のソウル》

京おんな・田中貴子さん（甲南大学文学部教授）と東寺の弘法市へ行ったあと

弘法さんにはよく行くけど この道を通ったん初めてかも

へーえ ええ感じの洋風の建物

私も

京都って住んでいても歩いたことのない道がよーけあるわなぁ

貴子さんがよく通っていたというある場所へ歩いて向かう

そうそう それで知らん道にこんな京町家が並んでると
〝わあっ京都みたい♥〟って思うん
あはは わかるわかる

こういう線路の横の道や高架下っていうのも味わいがあって好き
うん そうそう 夜のデートでこういう道を歩いていて

実はオレ…オマエのこと好
ゴーー
ガタン ガタン ガタン
えー
聞こえなーい

——って感じやろ
え

貴子さん…そんなこと考えてるんや…
このたぐいの妄想はしょっちゅう
キリッ

ほな その流れからいくと あの倉庫の壁では——

ドンッ
きゃっ
た 貴男さん!?
…お引っ越しは
まかせて安心 日通へ
は?

いや ここ日通の倉庫みたいやし
なるほど 今の感じでCMに使えそう
ちょっとノリがおかしなことになりつつ貴子さんが案内してくれたのは
私 在外研修※1で1年間ここに在籍してたことあるん

七条大宮にある龍谷大学であった
わー明治村にありそうな建物
明治12年竣工やそうです※2
知らんかった

※1 サバティカル制度ともいい、7年から10年に一度など、大学の授業や校務を離れて、半年か1年くらい他の研究機関で研究に専念する。
※2 平成9(1997)年に大改修が行われた。

こっちの白い建物もステキ
ここは昔 学生の宿舎で今は研究室 私もここで研究してたん

キャンパスっていうより〝学び舎〟って感じやねぇ
ここでの勉強充実してたなぁ

それに…この大学お坊さんの卵が多くて丸刈りの子ぉがゴロゴロいるん

ふふ

楽しかったわぁ

ふふふ

実はお坊さんLOVEな貴子さんである

あら美坊主

街でお坊さんを見かけるとそっとあとをつけるらしい

それで研究のあとに時々立ち寄っていたのがここ
あ「松風」のお店や
そこは龍谷大学近くの亀屋陸奥という和菓子店だった

松風 知ってるんや

もー大好物
京都駅から
どこか行く時
よくお土産に
買っていくん

松風とは——

カステラでもパンでもない
謎の食感と 白味噌の入った
豊かな風味で

ケシの実のプチプチ感が
また味のアクセント

16枚入り1100円

食べ出すと止まらないお菓子

へー そんなに
好きなんや

この本店
には 京都駅の
お土産売り場
にはない松風が
売ってんねんで

そうなん?

端っこの
切り落とし
入り 松風
徳用袋!!

おお!?

陸奥

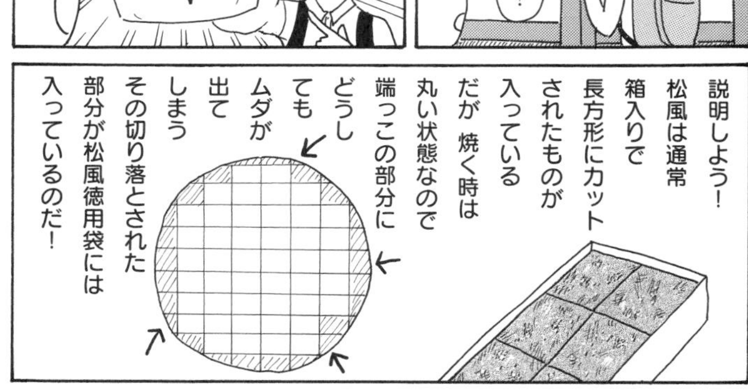

この端っこのほうってちょっとカリッとしてておいしいし
1100円の箱入りより量も多くて750円!!
えー♥
キラーン
ここで京都人ワンポイント♥
京都人は食べ物の端っこもムダにしない〝始末〟という精神がしみついているよ
あと〝お徳用〟って言葉に過敏に反応するよ！

もちろん買う
へー松風って織田信長と戦った石山本願寺のためにお店の三代目が兵糧代わりにと考え出してんて
端っこのカリカリ部分
端っこじゃない部分もけっこう入っていた
当時のカロ◯ーメイトみたいなもんかな
歴史も〝始末〟も入っている松風徳用袋は実に京都らしいお菓子と言えましょう

さて続いて行ったのが東本願寺近くの「法藏館書店」
わーお経のCDがいっぱい売ってる
法藏館書店
お経のCDって聴くとすごい落ち着くねんなー
持ってるんや…
広く明るい店内にはぎっしりと仏教関連本が

学術的な専門書はもちろん
あー
このへん
知り合いの
センセの本
よーけ
並んでるわ
あっえらい昔に書いた私の本も!
へー
尼さんのこと書いた本なんや
初心者向けや子ども向けの絵本
地獄
だるま
石童丸
さま
おしゃかさま
道元さ
法然
手塚治虫『ブッダ』などの漫画
仏像や仏教美術の本など
ありとあらゆる関連本があって
へー
精進料理の
レシピ本も
売ってる
仏教を
よく知らないグにも新鮮で
仏教に興味のある人なら一日
いても飽きないだろう
らーらーらん
んー
なんか お腹が
空いてきたな〜
見て見て貴子さん
精進料理の
餃子やて
へー おいしそ
こういう現象をなんというのだろう?
書店を出た二人に
な…なんやろ
私…今
ムショ〜〜〜に
餃子が食べ
たい!
えッ 私も今
そう思ってた!
どうしようもない〝餃子欲〟が襲ってくる
こ…これは
もう――

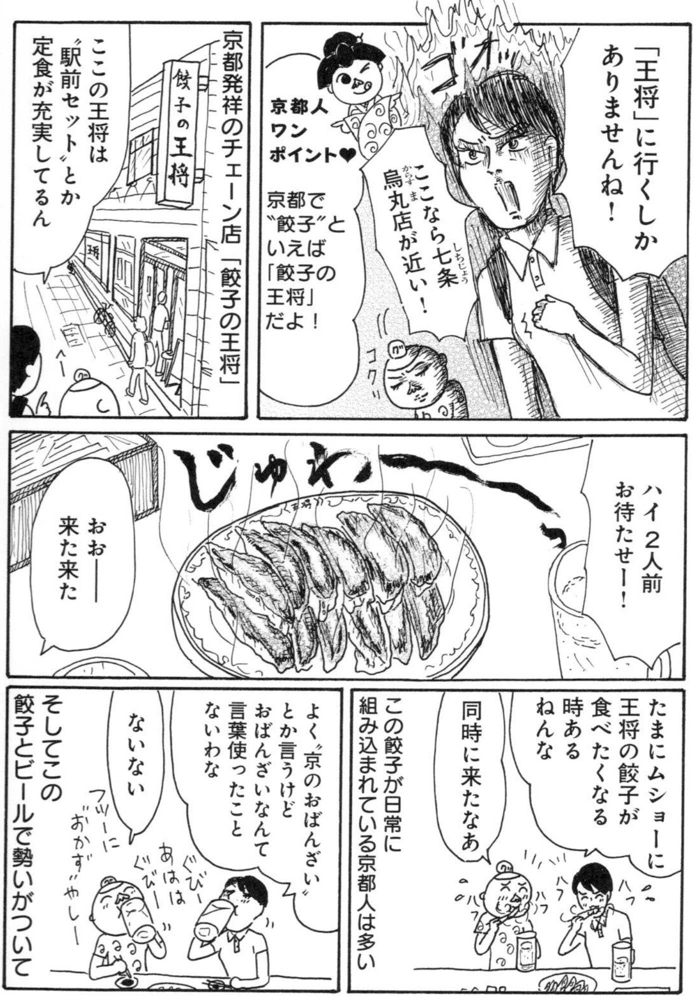

「王将」に行くしかありませんね！
ゴオッ
ここなら七条（しちじょう）烏丸（からすま）店が近い！
コクッ
京都人ワンポイント❤
京都で"餃子"といえば「餃子の王将」だよ！

京都発祥のチェーン店「餃子の王将」
餃子の王将
ここの王将は"駅前セット"とか定食が充実してるん
へー

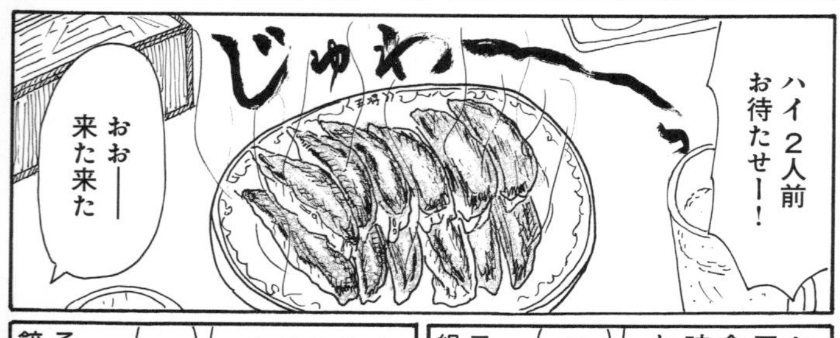

気がつくと
昔ロシア行きの船に乗った時ポーランド人が私のこと好きにならはってなぁ
へーそれでそれで
あおかわりー
ふふふ
王将でコイバナ…
こういう話のせいか貴子さんの肌はさらにつやつやで
もー1杯飲もうかなー
ぴか
つや
貴子さん お肌の手入れってどうしてるん？
えッ まあこれは小さい頃から母に言われてやってるんやけど…
うんうん
ずいっ
青缶の◯ベアをこう顔に塗って
◯ベア？
手に残ったクリームの成分を首や手や腕によーくすり込んどくん
すりすり
ま…松風の切り落としみたいなスキンケアや…
とそんなこんなで
なんだか貴子さんとの距離が縮んだ
このあとさらにハシゴ
私あの人の文体ニガテー
私もー！読んでるとコバカにされてる気イするし
ぐびぐび
キライな作家の話でイヨーに盛りあがる
京都くさーい京都の一日でした

京町家の奥①
《表の顔は元商店》

京都は奥が深い

いろんな意味で奥が深いけど

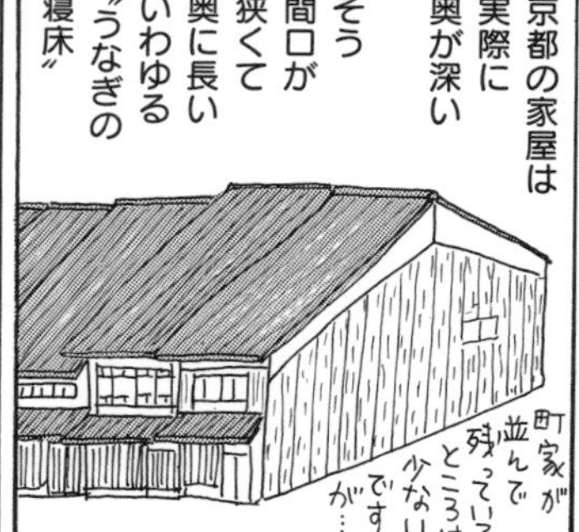

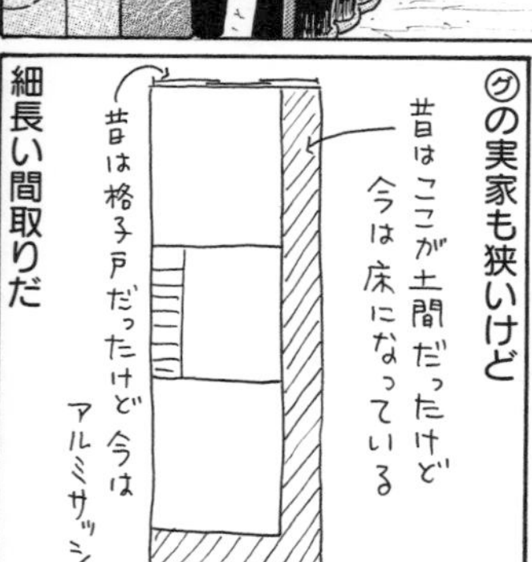

高校生の時 錦市場の漬物店でアルバイトをしたことがある
あの～ 今日から アルバイトに…
ああ ハイ ハイ
年末の バイトさんな 奥に入って
狭い間口のお店の中は
ここずーーっとまっすぐ行ったら 階段あるし2階で着替えて
え
階段 見えへん…
びっくりするほど奥行きが深かった
それから四条通にあった中華料理店でアルバイトをした時も
今日から よろしく お願いします
そのお店自体は新しかったけど
やはり間口は狭く奥行きが深かった しかも途中に中庭があり
ほな ここで 着替えて
え
その奥には

蔵……

マジか…

ギギ…

↑まわりはビル

(グ)は特に霊感というものはないけど

薄暗い蔵の中で着替えるのは

な…何かに見られてるような気ィする…

どんより

さすがに気味が悪かった

そこは京都三条会商店街の元商店だったおうち
1階の1室をテナントとして貸している
こんにちはー
中がもうすごいから
へぇー
㋖の夫のヨコチン（木工職人）がこの家の人から家具作りを依頼されたのだけど

外から見たらどうということもない元商店の中には
わぁ

おくどさん（かまど）

水屋（食器棚）

井戸

結婚するまでここで
生まれ育ったそうで

ここの
おくどさん
今も使ってるん？

ううん
普段は
ガス
レンジで

今はご両親だけが
住んでいるとのこと

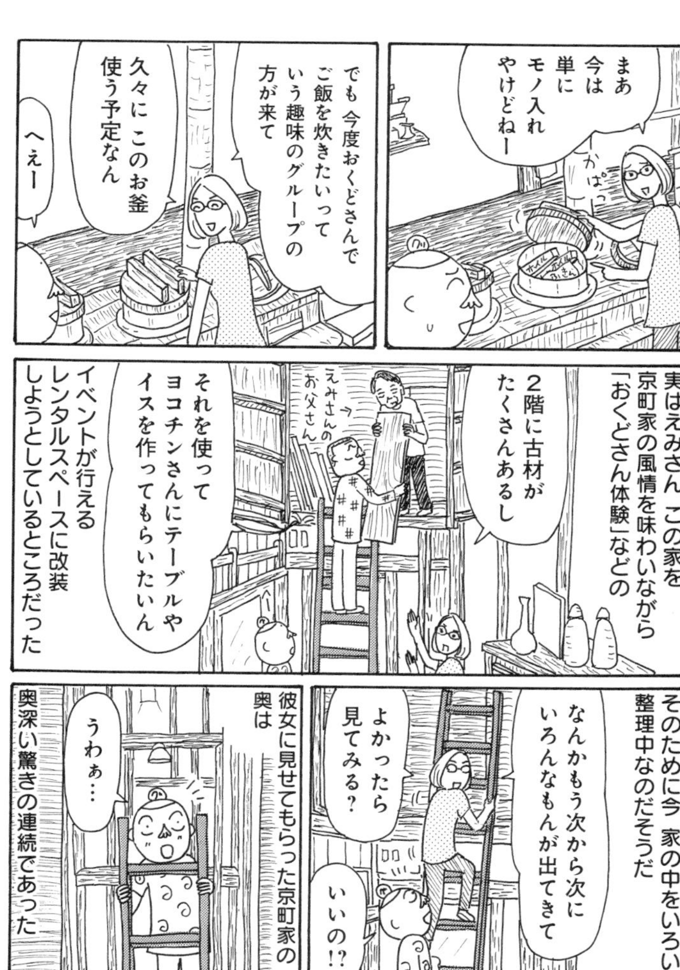
まあ
今は
単に
モノ入れ
やけどねー
かぱっ
でも 今度おくどさんで
ご飯を炊きたいって
いう趣味のグループの
方が来て
久々に このお釜
使う予定なん
へぇー
実はえみさん この家を
京町家の風情を味わいながら
「おくどさん体験」などの
2階に古材が
たくさんあるし
えみさんのお父さん
それを使って
ヨコチンさんにテーブルや
イスを作ってもらいたいん
イベントが行える
レンタルスペースに改装
しようとしているところだった
そのために今 家の中をいろいろ
整理中なのだそうだ
なんかもう次から次に
いろんなもんが出てきて
よかったら
見てみる?
いいの!?
彼女に見せてもらった京町家の
奥は
うわぁ…
奥深い驚きの連続であった

京町家の奥②
《京都人の京町家知らず》

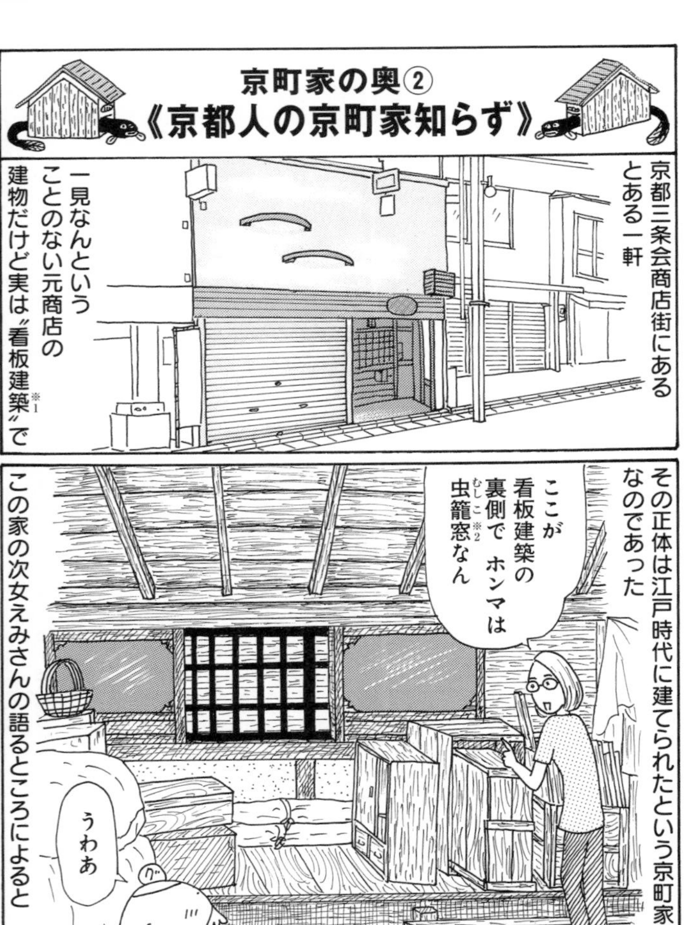

江戸後期（天明または天保年間）からここで呉服店を営んでいらしたそうで

明治初期に撮られた外観の写真が残っている

ところが数年前
名城めぐり
へー お城のスタンプラリーか… おもしろそう
わーこれが○○の乱のあった城かー
もともと武将モノの歴史好き
えみさんはお城めぐりが趣味になり
ある時両親と とあるお城へ行き そこの展示物を見ていたら
このお城で使われていたお膳やて
彼女の父がそれらを見てことごとく
こんなん なんぼでもウチにあるわ
は?
と言うので
帰ってから何年かぶりで3階の物置に上ってみると
うわー 改めて見ると ここにあるタンス めちゃシブいな
江戸時代の?
そのタンスや木箱を開いてみると
わあ 着物がこんなに
ありゃー でも 昔のやから サイズ小さい…
呉服店時代の着物がどっさりと
そして そのタンスの上に――
なんやろ これ?
ハッ こ… これは!!

うっとこが呉服屋だった時の看板!?

それは漆塗りのチャーミングな看板だった

すごいで こんなん出てきた!
あーそれは明治か大正の頃の看板やな
よー そんなん見つけたな

こうして えみさんにとってまったく気にもしてなかった物置や蔵が

ワクワクする宝の部屋へと変わったのであった

またゴソゴソしに来たんか
うわー
ガサッ
浮世絵出てきたー
そしてさらには――
京都市景観・まちづくりセンターってとこに頼んだら今住んでる町家にどんな価値があるか調べて“京町家カルテ”っていうのを作ってくれるねんて
ふーん
――と 調査しに来てもらったところ
こ…これは!?

京都市景観・まちづくりセンターは京町家を守る取り組みもしている
めちゃくちゃスゴイ町家やないですか!!
へ？
江戸時代からのものであるこの家を大絶賛!!
ちゃんとおくどさんも残ってるし
天窓江戸時代のままとちゃう？
これは町家本来の姿として残してほしいです！
え
そ…そうなん？
そんなことがあってようやく
ウ…ウチってもしかしてちょっとスゴイん？
と 気がつくえみさん一家
そして えみさんは考えた
このまま家を残しておくゆうても何もせーへんかったら家傷んでいく一方やし…
私も今子どもが手がかからんようになったし… うん やるなら今やな

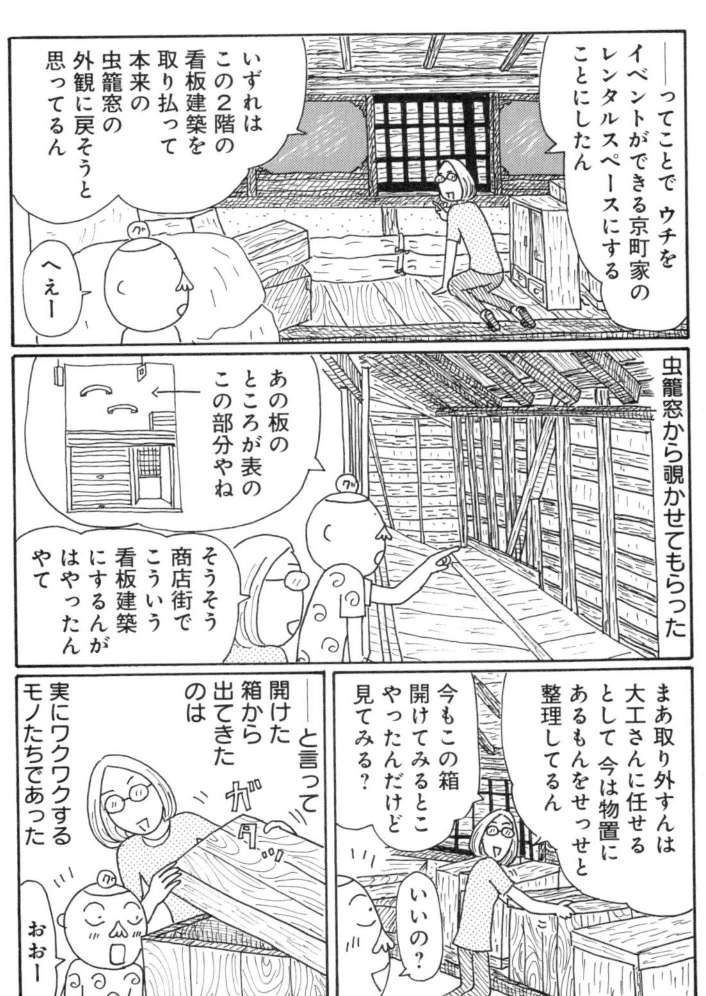
――ってことで ウチを
イベントができる京町家の
レンタルスペースにする
ことにしたん
いずれは
この2階の
看板建築を
取り払って
本来の
虫籠窓の
外観に戻そうと
思ってるん
へぇー
虫籠窓から覗かせてもらった
あの板の
ところが表の
この部分やね
そうそう
商店街で
こういう
看板建築
にするんが
はやったたん
やて
まあ取り外すんは
大工さんに任せる
として 今は物置に
あるもんをせっせと
整理してるん
今もこの箱
開けてみるとこ
やったんだけど
見てみる?
いいの?
――と言って
開けた
箱から
出てきた
のは
実にワクワクする
モノたちであった
ガタ
おおー

京町家の奥③
《蔵の中からお宝が!?》

この家の次女えみさんの祖母や父親が使っていたと思われる明治から昭和のオモチャや人形がどっさり!

アール・デコ調衣装の女性の描かれた箱

中には戦前のモダンオシャレさんたちの紙人形

髪が伸びそうな日本人形も

ブリキの市電のオモチャ

戦時中の絵合わせ積み木

ままごと用のおくどさん

たぶん土製

武将メンコ

木製水でっぽう

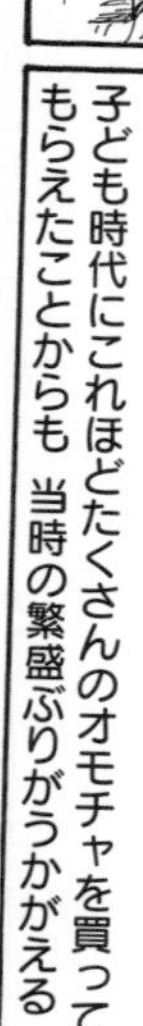

子ども時代にこれほどたくさんのオモチャを買ってもらえたことからも 当時の繁盛ぶりがうかがえる

他にもまだまだ発掘(?)されて
わあ このカルタ〝長谷川町子画〟やて
ん？…って いうことは 戦後？
どうようがるた
長谷川町子画
SPACE COMMANDO
ELECTRIC ROADSTER
ウチ 戦後 呉服店から 転業して オモチャ屋 してたことも あるからその時 のとちゃうかな この 箱入りのオモチャとか
恐らく戦後のものと思われるカルタや ブリキのオモチャがたくさん出てきた
それにしても よくこんな 古いもの 残してたな
わーモダンガールの土人形
そう ウチって昔 からなんでも 捨てずに取っておく 性分やったみたい
しかもきちんと 分類して箱に 収めてあるし
ねッ
カルタは こっちに まとめて と
──と 気がつくと えみさんはそれをさらに 几帳面に整理していた
えみさんとこって 片付け好きの家系？
せやねん 私 整理収納 アドバイザー 2級の資格 もってるねん
そ…そんな 資格あるんや
──で 今度は中庭の奥にある 蔵を見せてもらった
この蔵 たぶん江戸 時代に建てられたん
ガラッ
わー

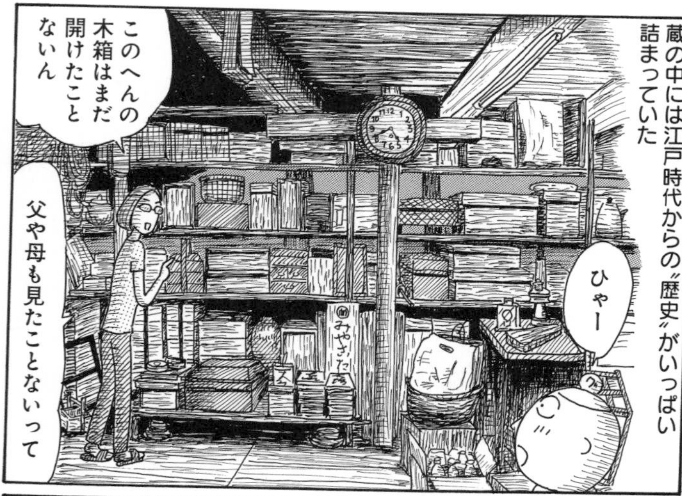

蔵の中には江戸時代からの〝歴史〟がいっぱい詰まっていた

ひゃー

このへんの木箱はまだ開けたことないいん

父や母も見たことないって

実際に使われ その後長くしまわれていた古い生活用品は

携帯用のはかり

扇風機みたいな戦前のストーブの箱

松下式反射型電気

ストーブ

100ボルト500ワット

松下電気器具製作所

古い看板

明治時代の大福帳

みやこたび

これウチの家の前で撮られた明治時代の写真にも写っていた荷車の台

古いレコードプレーヤー

茶釜

フィルム缶やレコード

蔵の中で古道具・骨董品（こっとうひん）として熟成されているようだった

蔵には2階もあってタンスや長もちがぎっしり詰まっていた
ここの長もちもほとんど開けたことないん
うわぁ…

最近この長もち開けてみたら
おじいちゃんが着ていた軍服が入ってた
うひゃー

そうそう このタンスの引き出しに
こんな和本が入っていて何かと思ったら

春画…
おお〜〜
そういえば昔春画は嫁入り道具の一つやったって聞いたことある

いや〜いろいろ出てくるな〜
なんやろこれ
あ 数珠
もう片付ければ片付けるほどいろんなもんが出てきて——

整理収納アドバイザー2級の腕が鳴るわ!!
資格をとった時はまさかそれを実家で生かせるとは思ってなかったそう
レンタルスペースができたらこの家から出てきたもの展示したいなと思って
おおっ家のものも資格も生かせるな

あと着物もいっぱい出てきたし着付け教室もできると思って
え 着付けの資格もあるん?
この引き出しも着物かな

うん あとお琴と三味線も教えられるしジュニア野菜ソムリエと豆腐マイスターの資格とお香作りもできるん
ええっ

そその資格ってみんな…

そう! ここで教室やワークショップができそうな資格ばっかりなん

それらの資格も とった時は我が家をレンタルスペースにするとは思いもしなかったそうだ

——と そんなこんなで彼女の家の改装工事が始まった
とにかく最初はベニヤ板を剥がしました

ちなみに壁にベニヤ板を張りつけてしまった京町家は多いと思われる
合板の薄っぺらい輝き
ペカ
ペカ
わーい家がキレイになったー
ベニヤ壁になって喜ぶ子ども
それから床を直している時に
排水管が壊れて水が地面に流れてますわー
どうりで最近床が傾いている気がしてたん
――なんてこともあり
そのままにしていたら傷む一方だった京町家が
あ 京町家っぽい建具が入ってる！
いらっしゃい入って入って
おじゃましまーす
京町家のレンタルイベントスペース〝ぴより〟としてよみがえった
なんとかプレオープンにこぎ着けましたー
おおー

ベニヤ板も剝がされ
京情緒が増した走り庭
このおくどさんも
レンタルで使うことができます
箱階段のある和室の部屋も
借りられます

京町家の風情を取り戻した
家はえみさん共々
さあ
うまいこと
炊けてる
かな
ドキドキ
するな
イキイキとして見えた
そんなえみさんを見て
彼女のお母さんは
そういえば
アンタ
小さい時
〝私がこの家
を継ぐ〟って
ゆうてたわな
と言ったとか

㋖は人が集まって活気づいている
走り庭を見て
おおーー！
いい感じに
炊けてる
わあ
ほわん
ええ匂い
してるわー
おいしそー
この家
えみさんに京町家
として再生されるのを
待ってたんかもな
家が念を送って
えみさんにいろんな
資格とらせてたとか
と思うのだった

さらに深掘りさんぽ

めくるめく 京都三条会商店街

千本通から堀川通まで、およそ800メートル続く京都最大のアーケード商店街「京都三条会商店街」。創業100年以上という老舗から、つい最近できたおしゃれなカフェまで、新旧入り交じった約180店舗からなる、活気あふれる商店街です。「京町家ひより」も、この商店街にあります。近くに昭和を感じさせてくれる小さなミュージアムもあり、さんぽも楽しいエリアです。

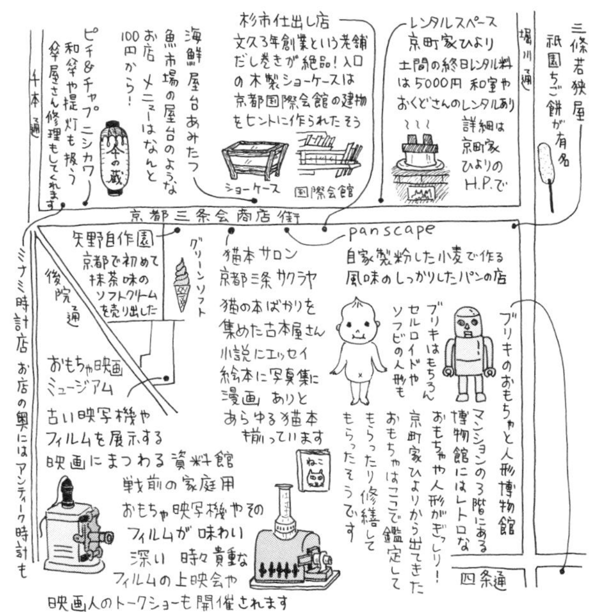

職人の街①
《華麗なる二条城》

この手練れの職人技が結集した二の丸御殿の唐門をさっさと通り過ぎようなんて

入城料金がもったいなさすぎるで

びよー

あ…あなたは!?

私は米原有二伝統工芸を対象とした取材・執筆を行っている
キモノはイメージです
京都は宇治出身のライターや
京都…宇治…
ピク
フッ…今〝宇治は京都とちゃう〟って思ったやろ
えッあッ
取材する京都の職人さんに
宇治ィ？
宇治は京都とはいわんやろ〜
とか言われもって京都の伝統工芸を取材して幾年月…
今日は京都に息づく職人技を京都市出身のアンタに教えるべくここに来たんや！
よ…よろしくお願いします
ええか この唐門まず上から
瓦は瓦職人
檜の樹皮を使った屋根は檜皮葺職人
その下の唐破風に塗られた漆は漆職人

屋根の内部に〝これでもか!〟というほど彫られた縁起物の彫刻は木彫り師が

鶴

鳳凰

唐獅子

猫みたいに後ろ足で耳を掻いてる

蝶

亀乗り仙人

めっちゃ極彩色!!

そして錺(かざり)金具は金具職人が!

ピカピカ

柱の下の錺金具

金色がまぶしい!

へぇーこの門一つにそんなたくさんの職人さんが関わってるんや

しかも当時最高の技術をもった職人が手がけたんや

でも江戸時代にできたと思えんほどピカピカやけど
2013年に修復されて往年の輝きを取り戻したんや

それがどういうことかわかるか?
くるっ
これを修復できる職人がまだ現代にいるっちゅーこっちゃ
あ そうか

それをよー覚えて
もらって二の丸御殿に
行こか
ハッハイ
てへゅー

それにしても徳川家だけ
あって全体的にハデな
感じやね
フッ…
あの屋根
のとこの
錺金具
見てみい

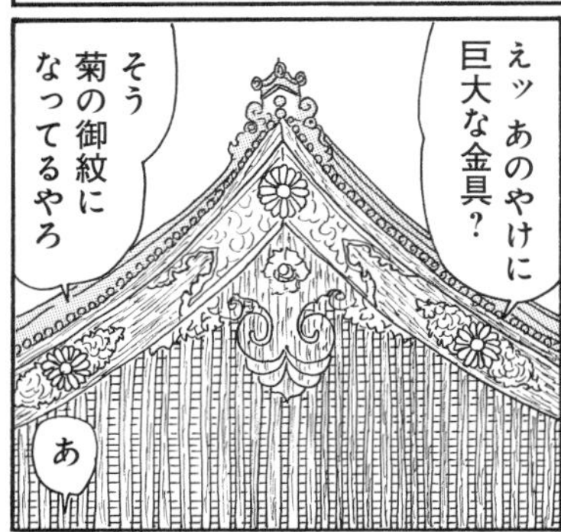
えッ あのやけに
巨大な金具？
そう
菊の御紋に
なってるやろ
あ

あれはもともと
徳川の葵の
御紋やったんが
大政奉還で
二条城が朝廷の
もんになって
替えられ
たんや
すごい！ 歴史的な
錺金具なんやー

せやけどな この玄関の天井の
錺金具を見てもらおか
あッ 葵の御紋！

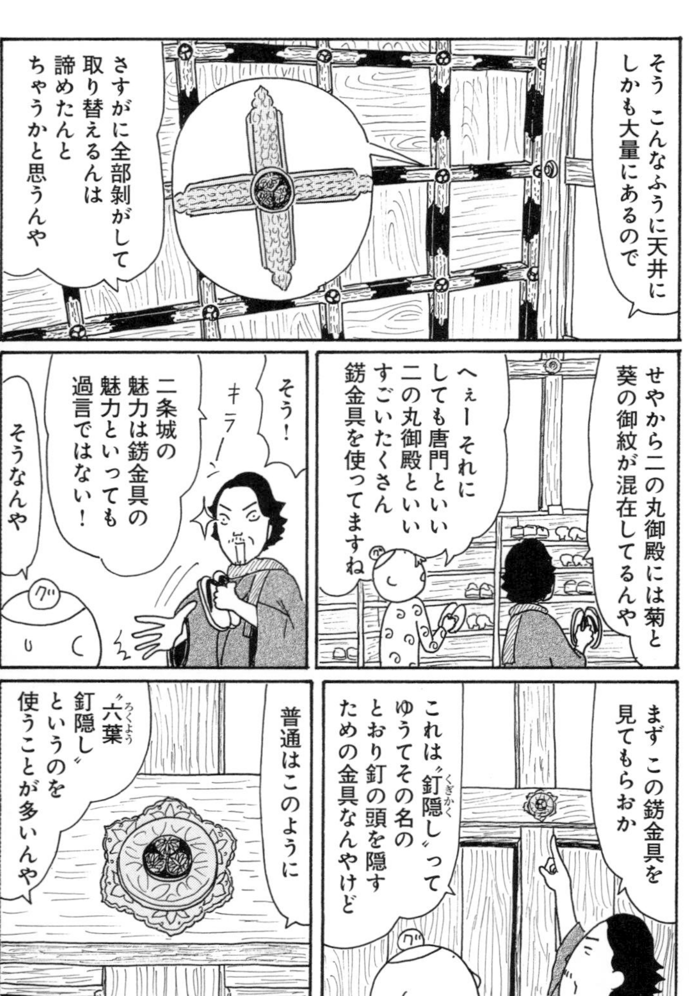
そう こんなふうに天井に
しかも大量にあるので
さすがに全部剥がして
取り替えるんは
諦めたんと
ちゃうかと思うんや
せやから二の丸御殿には菊と
葵の御紋が混在してるんや
へぇー それに
しても唐門といい
二の丸御殿といい
すごいたくさん
錺金具を使ってますね
そう!
キラーン
二条城の
魅力は錺金具の
魅力といっても
過言ではない!
そうなんや
まず この錺金具を
見てもらおか
これは〝釘隠し(くぎかくし)〟って
ゆうてその名の
とおり釘の頭を隠す
ための金具なんやけど
普通はこのように
〝六葉(ろくよう)
釘隠し〟
というのを
使うことが多いんや

けど 黒書院や大広間にある釘隠しはこれや！
ピカ ピカ
どんっ
ピカ
50cmぐらい
で…でかッ その上めちゃくちゃ細工が凝ってる！
↑黒書院と大広間は撮影不可だったのでうろおぼえ…
グ
そう―この熨斗に包まれた牡丹を表した釘隠し
これ一つにどんだけ手間かけたんやっちゅーくらい超絶技巧が詰まってるのに…
ずらずらずら―
それがなんと数百枚！
しかも一つひとつ微妙にデザインもちがってるんや
ひゃー
さらには釘を打ってないところにも釘隠し！
書院の押し入れみたいなところ
金で描かれた絵
もはやただのゴーカな飾り！
ここの枠は漆
いや〜私ここには何回か来たことあるけど今日ほど徳川家の財力を感じたことないわ
まあその財力のおかげで職人が腕を振るえたワケやけどな
ハァ〜

そやねー現代じゃこんな
城造れって注文する
人いーひんわな
塀にも
鋲金具
が…
キラ
キラ
キラ
キラ
まあ
それは極端やけど
伝統産業の需要が減った
ことで職人の数が少なく
なってきてるんは確かや
やっぱり職人
さんって減って
きてるんや…
さっきの唐門…
あの輝きを
取り戻せたんは
修復できる
職人がまだいた
からこそなんや
けどこの先
文化財が劣化
しても修復
できる人が
誰もいないって
こともありえる
話なんや!!
くわっ
そ
そんなに!?
だから
こそ
多くの
人に
職人の
技を見て
知ってもらう
ことが大事なんや!!
よしッ
次
行くで
くるっ
ハッハイ
――と言う米原さんが
連れていってくれたところは――

職人の街②
《入場無料の職人世界》

石灯籠も京都の工芸品なんや
そう 京都は良質の花崗岩が採れるんや

特に北白川で採れる白川石は銘石として名高い
——が北白川は現在風致地区に指定され採石禁止となっている

かつては住民の大半が石材加工業に従事してたけど
その多くは廃業や移転を余儀なくされたんや
ひゅ
そうなんや…

あッ 鬼瓦
そう 瓦でも鬼瓦を手がけるのは「鬼師」と呼ばれる職人や

平安京の造営以来瓦作りの技術を発展させてきた京都やけど
現在すべての工程を手作業で行う京瓦の工房は一軒のみや
びょー
そ…そうなんや

と あまり明るくない話を聞いていると
あ 京指物

そうそう そういえば私の伯父 京指物の職人やわ
何ッ!?

あ…でも勤めてた
工房に跡継ぎが
いなくなって
最近工房
たたんだって
ゆうてはった
なッ！
自ら明るくない
話をかぶせてしまう
うーん 急に
京職人が
身近に感じ
られる…
ぱし
——って
思いっきり身内
の話やないか
——とツッこみを入れつつ
米原さんの説明は続く
京友禅
友禅染(ゆうぜんぞめ)には
手描(てが)き友禅と
型友禅
というのが
あって…
京黒紋付染
この染(そめ)は黒色が深ければ
深いほどええもんなんや
京焼・清水焼
京焼(きょうやき)
っていうんは
京都で作られる
焼き物の総称で…
京扇子
扇子は日本が
発祥の地で…
黄楊櫛(つげぐし)
花かんざし
京人形
京くみひも
京漆器
京小紋
旗印染
京針
——今
意識飛んでた！
西陣織
は……
京都に工芸品
ありすぎです

そしてそれらの工芸品にもれなく詳しい米原さん
京都の和傘は
なあ米原さん ここってなんかお客さん少ないことない?
フ…そうなんや この京都伝統産業ミュージアム…展示が充実してる割にあまり知られてへんのや
私も今まで来たことなかったもんな
せやから来てくれ!!
展示も楽しいし職人さんの実演※やワークショップもあるしミュージアムショップは伝統工芸にちなんだセンスのいいお土産が充実や!
もう1回ゆうけど入場無料!!
みんなもっと伝統産業のこと知ってくれーッ
職人のスゴさを知ってくれー
京都市勧業館 みやこめっせ
皆さまぜひ一度京都伝統産業ミュージアムへ
ハッまだ昼過ぎやったんやッ
まる一日いた気ィする
うむ
ハラも減ったしお昼にしよう

――と米原さんに連れられて向かったのは西陣にある「鳥岩楼」
鳥岩楼
楼岩鳥
鳥岩楼
ここは水炊きと鶏料理の老舗でお昼のメニューは親子丼のみということで有名な店や
へー
入ってみると――
凝った柄のヤカン（銅製？）
竹の網代の天井
おきなの面
掛け軸
お寺にあるような照明具
凝った建具
しょ…職人ワザがいっぱい！
お客さんもいっぱい
フフフ今まで見えへんかったもんが見えるようになったやろ
今 暮らしの中にあるもんは工業製品ばっかりになってしもたけど
昔はここみたいにもっと職人技が普通にあったはずなんや
お待たせしました

はわんっ
おお〜キレイな卵の色…
トリガラスープ
今まで工芸品ばかり見てたせいかこういうのも工芸品に見えてしまうわ
フフフ…
むッ
これは!?
甘めのタレによーけ入ってる卵のトロトロ加減が絶妙でめっちゃおいしい!
フフフ これも京職人の手仕事の一つや
キラーン
なるほどねえ伝統は継承されなアカンねえ
継承されてこそ伝統になるっちゅーこっちゃ
せやけどその伝統が途絶えそうになってる工房も多いんやろ
なんかこう伝統を守る取り組みとかはないの?
キラーン
フ…ええとこに気づいたな
その答えの一つになるところに連れてったるわ
これ食べたら
と 次に米原さんが連れていってくれたのは——

職人の街③
《錦の技》

ここは光峯錦織工房（こうほうにしきおり）
絹織物を制作してはるとこや

へー

ひゅー

というか 実際に織物美術家で
これらが
私や
父の
錦織の
作品です
あの～
錦織って
いうのは？
高機という機を用いて
手織りされてきた
絹の紋織物です
その値が「金」に等しいゆえに
錦という字は金偏なのです
へえ～
わあ
なんか柄が
立体的ですね
抽象絵画みたい…
そう 錦織の特徴は組織が
多重になっていて
立体的に見えるところです
と龍村さんが作品に
ペンライトの光を当てると
これを
見てください
チャッ
うわッすごい！ 光の向きで
輝きの色が変わる
きれい～
絹は
プリズム
のような
構造を
していて立体的に織ることで
複雑な輝きを放ちます
キラ
キラ
キラ
とても⑩の絵では
表せません

錦織は"光の織物"と言われてるんや 光峯はんのとこのは特にそやで
へえ～ しかし どうしたら こんな 織物が できるん ですか？
どう したら ――
やて？
キラーン
んなもん ひと言で 言える 世界と ちゃう わなあ～
うふふ うふふ
うれしそう
そうです 錦織は 織りあがるまで70人以上の 職人の手を経るのです
織物が出来るまで
えッ 70人!?
グ
おおまかに言うとこんな感じです
原料準備工程
製糸→撚糸→精練→糸染め
←経糸工程 緯糸工程→
経継ぎ 整経←糸繰り→緯巻き
製織
金銀糸 柄箔 金銀箔
機準備工程
杼 綜絖 ジャカード 筬
企画 製紋工程
図案 紋編 紋意匠図 紋紙 紋彫り
えーっと つまりこの それぞれに 専門の 職人さんが いるってこと ですよね
そういう ことです
織物が出来るまで
製織の 作業だけで どれだけの職人が 関わっているかを 見てもらい ましょう
こちらへ
――と案内されたのは

地下にある工房だった
わぁ
機って大きいもんなんですね
これが錦を織る高機です
この穴の開いたブラインドみたいなのは？
紋紙です
これに織物の柄のデータが打ち込まれていて
そのデータをジャカードという機械が読み取って綜絖という仕掛けに伝達して経糸が動き織師が緯糸を渡して布が織られていきます
織師さん
ガチャン
ガチャン
え…え〜っと
とにかく紋紙を打つ職人と綜絖を仕掛ける職人がいてはるんや
それから職人さんが使う道具を作る職人さんもいます
ガチャン
パタン

もちろんこの機自体を作る職人
それからこの〝杼〟という織り手さんが糸を通す道具を作る職人
さらにこの杼の両端についている真ちゅう製の杼金
この糸を通す部分についている磁器これもまた別の職人の仕事です
職人さんの道具を作る職人さんがいてさらにその材料を作る職人さんがいるんですか！
そのとおりです
せやけど今 伝統的な技術と素材を使って杼を作れる職人はたった一人だけなんや
えッ
そうなんです後継者不足は深刻です
今 西陣の業界では紋紙はフロッピーディスクに代わり手織りではなく機械織りがほとんどですが
ウチの工房では技術の継承のためこのスタイルで織っています
そうなんや

光峯はんは技術の継承のため古代裂の復元にも力を入れてはるんや
これはその一つで正倉院に伝わる古代裂を復元したものです
復元ってどうやって？
まず古代裂を細かく分析し
繭の糸引きから道具までなるべく当時の制作方法を用いて再現します
実物はこの100万倍きれいです
ま 繭から!?
はい そうすることで現在仕事が減少している職人さんの仕事を創出することができて
技術を保存・継承して記録を残すことになるのです
すごい
これ1枚にたくさんの職人さんの技術が詰まってるんや
そう考えると光峯さんの仕事って織物の総監督って感じですね
そうですね 私はよく織物を音楽にたとえます

オーケストラの指揮者が音楽家たちに接するよう職人さんたちをまとめ

一つの美しい曲を完成させるように〝錦〟を作りあげたいと思っています

ほえ〜

居酒屋
はああ…
今日はいろいろすごかった〜
あはは
ガキョ
フッ これでも工芸の世界の入口を見たまでや

それにしても職人さんホンマに減ってきてるねんな さっきの織師さんもけっこうお年やったし

でも黙々とリズミカルに織ってはってカッコよかったな
ガチャン
パタン
ガチャン
ガチャン

そうなんや　織師さんだけやのーて腕のいい職人ほどムダな動きがなくて
トン
トン
トン
シャッ
シャッ
リズミカルな音が立てられるんや
グ
へー
特に織師さんは機を離れるとリズムが変わるゆうてなかなかトイレに行かへんしぼうこう炎になる人も多いんや
生ビール
ホンマかいな
グ

でもあの織師さん機から離れたらジャージとかはいてはるし
すた
すた
フツーに街歩いてたらスゴ腕の職人さんやなんてわからへんな
すた
すた
グ
グ

フッ　まあそやな
日常で作務衣(さむえ)着ていかにも職人！って感じの人はあんまりいーひんで
そんなもんなんや

そのへんのおっちゃんにしか見えない人がとんでもない技術をもっている街それが京都や
京都の街自体が工房みたいなもんやね
グ

そんなワケで
そや
こんな小さい街やのに工芸の取材は一生かかっても終わらん
恐るべきとこや！
伝統工芸ライターによって京都が職人の街であることを思い知った一日であった

さらに深掘りさんぽ

米原有二さん

オススメ京都の味

西陣にある和菓子屋さんで、地元の職人さんたちに長く愛されてきたどら焼きだそうです。生姜(しょうが)のキリッとした風味が、たっぷり詰まったつぶあんの甘さを引き立てます。

かま八老舗
営業時間 8時30分~18時30分
不定休
☎075-441-1061

米原有二さんの本
『京職人ブルース』
京阪神エルマガジン社 1200円+税
米原さんが京職人の方々に取材した本。職人さんたちの想像を絶する細かい作業、息もできないほどの気合と根気、取材現場で米原さんが職人業におののく様子が生々しく伝わってきます。
米原さんのウェブサイト
http://sakura-ew.net/

アナスタシアさんの京都①
《ベラルーシ女性の"京都センサー"》

左京区岡崎（さきょうくおかざき）にある
「京都伝統産業ミュージアム」
（61ページ参照）で写真撮影を
させてもらっていると

あの…

失礼ですが
この漫画の作者の方ですか？

スタッフから聞いてきました
私アナスタシア・
ブルカヴェツと申します

ちょうどこの本を
読んでいたところでした

へ

外国人の女性が日本語で話しかけてきた

にっこり
めっちゃ美人さん
透きとおったブルーグレーの瞳
なぜか㋖の本
しぶちん京都
グレゴリ青山
漫画家さんに会えるなんてうれしいです
↑流暢な日本語
すら〜〜り
㋖は思わずポカンとしてしまった
さらに
ベラルーシ出身です
ベラルーシ！
ってロシアの近くやったっけ？
と言われてもイメージが浮かばない（失礼）
けれど彼女は
日本の伝統工芸が大好きで京都に住むようになりました
へえー
と言うのだ
遠い北の国からやってきた彼女の目に京都はどんなふうに映っているのだろう？
ベラルーシはなんとなく雪が降っているイメージ
ぜひ京都を案内してくださいとお願いしたら
わかりました 当日銀閣寺のバス停前でお待ちしています
↑日本語でやりとり
快諾してくれた
そして当日——

ふおお
ベラルーシもかくや…
というような2月の寒い日で
やってきたアナスタシアさんは
おはようございます
寒いですねー
今日はよろしくー
さすが北国の美女
毛糸の帽子がとても似合っていた
今日は「哲学の道」を通って行きましょう
私この近くに住んでいるのでよく散歩しています
へぇー
実は私フォトグラファーになりたいと思ってるんです
そうなんや
一眼レフ
今日は写真を撮りながら歩いてもいいですか?
もちろん
すらーり
彼女は道沿いの植物に近づいて
じっくりレンズを向けていた

ここに来る前に
彼女のウェブサイトや
インスタグラムを
のぞいてみたけど
わあ 被写体に
優しく話しかけて
いるみたい…
どれもステキな写真ばかりだった
そして実際アナスタシアさんは
あなた とっても
かわいいわ
そう その
角度ステキよ
→
グッによる
勝手な
アテレコ
という感じで
レンズを向けているのであった
私が日本に来て
最も驚いた
のが
日本の
緑の色の
美しさと豊かさ
でした
四季によってその美しさが
変わるので よく
この哲学の
道を散歩
します
桜の
季節以外
なんで？
桜の時季は人が多すぎて
この道 満員電車
みたいになり
ます
そんなに！
今の時季が
一番静かです
日本に来て
この時4年目のアナスタシアさん

今日は器めぐりを
しましょう

案内してくれたのは哲学の道沿いにある「銀意匠（ぎんいしょう）」というお店

銀意匠

そこは「木曽（きそ）アルテック社」という木曽の木材や伝統的な漆の技術を生かした器や家具を置く店で

私 日本に来る前はパリで漆の研究をしてました

漆！

はい 蒔絵（まきえ）とか

アナスタシアさんのお気に入りのお店だとのこと

素朴でありながらも洗練されたデザインの 木と漆の器や家具

写真撮ってもいいですか？

どうぞ

木曽アルテック社さんは家の内装もされるそうで

和紙にもいろいろあって柿渋（かきしぶ）※で染めたものや漆を塗ったものは壁紙などに使われます

※ 渋柿から得られる液体。防腐性があり塗料や染料に用いられる。

ぜひこちらを見てください
トイレ？
ガチャ
おおッ
そのトイレは

漆を塗った和紙の壁紙
外からの光の入り具合が絶妙
まっ赤な漆の洗面台
〝モダンわびさび〟とでも名づけたいような美しさだった

やっぱり話しかけるようにじっくり撮影するアナスタシアさん
ねえなんてシブい内装なの
私の家のトイレにしたいくらいよ
㋗によるアテレコです

実は京町家をリノベーションしたこともあるんですよ
これがその時の写真
えー
丸々一軒〝モダンわびさび〟になった京町家の写真だった

わあステキ！いいなあ
私いつか京町家に住むのが夢なんです
へぇー
どうして彼女はそんなに日本が好きなのだろう？

彼女が初めて日本に魅せられたのは旅先のイタリアで美術館に展示されていた日本の
JAPAN
なんて美しいの…
工芸品を見てからだという

彼女は「銀意匠」の工芸品も
植物を撮った時と同じように
ステキよ
その曲線
㋗によるアテレコ
そう
その表情！
愛でるようにレンズを向けていた
日本の工芸品を美しいと思う彼女には
どれも
自然の
素材で
できていて
すばらしい
ですねー
それを生み出す日本の自然もまた
美しいと感じるセンサーがあるのだ
次に案内してくれたのが
哲学の道の途中にある
大豊神社
ここには
いろんな
動物が
います
動物？
まずはこの狛犬
むはッ
何この豊満な狛犬！
むっちり
かわいいでしょー
奉納
そして境内に入ると

小さなほこらの両側に
猿と
とんび
その隣には
お狐さん
さらにその隣には
ほら
わぁ
狛犬ならぬ
狛ねずみ！
椿の花
下半身の丸みがなんとも言えん〜
足元にどんぐり
アナスタシアさんのセンサーは日本の〝かわいい〟にも感度が高い
ねー
そしてちゃんと
二礼二拍手一礼
パ パン
おぉーサマになってる…

大豊神社は祀られている動物も
かわいいですが この空気感が
何より好きなんです
なんだか周りの緑に守ら
れている感じがするでしょ
特に夕方は 夕陽で
神社全体が
不思議な
色に染まって
とても
美しいんです
へぇー
そんな彼女を見ていると
いいなあ
私モ
外国人ニナッテ
新鮮ナ目デ日本ノ
美ヲ発見シタイ
デス～
とワケのわからない
うらやましさを感じてしまう
社務所には狛ねずみの土鈴が
売られていた
わあ
かわいい
へぇー
縁結びの
ご利益が
あるんやて
縁結び？
買い
ます
〝縁結び〟
〝ご利益〟
とかいう
単語よう
知ってるな
このあと(グ)は彼女が
単に日本の美を発見するだけの
人ではないことを知るのであった

アナスタシアさんの京都②
《日本の美と手仕事の心》

雪が降ってきた

フードをかぶった
ベラルーシの女性には雪がよく似合う

驚き方も
日本語的なアナスタシアさん

彼女が大豊神社のあとに連れて
行ってくれたのは

哲学の道の南端にある器のお店
「若王子(にゃくおうじ)倶楽部(くらぶ)　左右(さゆう)」

古い蔵を改築したお店で
こんにちは
あらお久しぶり
アナスタシアさんは店主と知り合いだった
この店はいろんな作家さんが作った器を置いてます
へぇ～
こういうお店に㋖はあまり来たことないけれど
それらの器は
繊細なもの
漆の酒杯
迫力のあるもの
どんっ
おちゃめな形のもの
作家さんの個性は様々で工業製品にはないあたたかみがあった
かっこいいなぁ この器
でも高くて手が出ーへんわ
でもそれだけその器には手間がかかってるんですよ
私はいろんな職人さんの工房へ見学に行きましたが
皆さん本当に手間ヒマかけて丁寧にモノづくりをされています
日本の工芸品日本の手仕事を
世界の人にもっと知ってもらいたいです
キラ
キラ
キラ
す…すみません日本人でも日本の工芸のことよく知りませんでした…

アナスタシアさんは来日する外国人観光客のガイドもしているそうだ
なんとロシア語と日本語の他に英語・フランス語を話せるという
日本に何度も来ている人を工房に案内すると喜ばれます
できれば海外のモノづくりをしている人を案内できたらいいわね
はい 本当に
アナスタシアさんは〝日本の美〟を発見するだけでなく
世界の職人さんと日本の職人さんが出会うことでお互い刺激になって
コラボレーションできる関係が生まれたらうれしいです
〝日本の美〟で世界と日本をつなごうとしているのであった
ひゃー まぶしいー
世界と日本をつなぐ縁結びの女神さまや～ッ

日本の工芸品は作品を作る人だけでなく
そうね　ジャンルや国籍の違う人が出会うことで新しい作品が生まれるものね
はい　また古いものを見直すきっかけにもなると思います
作品を売る人や人と人とをつなげる人によって支えられているのだ
グッ

お店を出て南禅寺まで歩く
雪の三門キレイ
寒いけど
雪もいいけど真夜中の三門はさらにいいですよ

真夜中？
はい　飲みに行った時　たまに歩いて帰りますがその時この三門のまん中に座って

真っ暗闇の静寂の中で瞑想をします
夜の禅寺…すばらしい時間です
アナスタシアさん…ホンマに日本の奥深いとこまで行ってはる…
どこまで行くんー
グッ

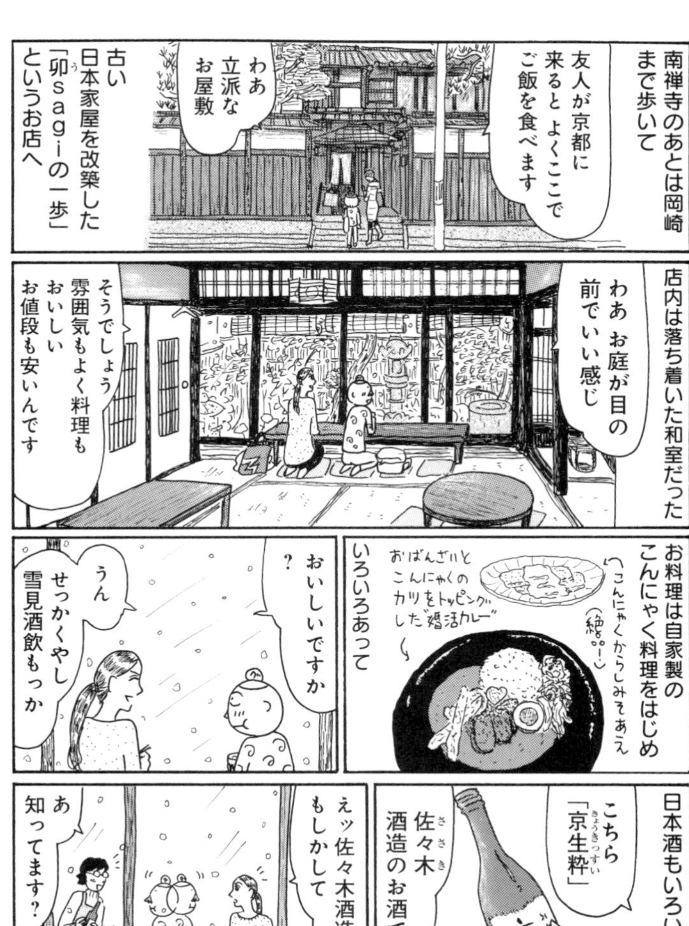
南禅寺のあとは岡崎まで歩いて
友人が京都に来ると よくここでご飯を食べます
わあ立派なお屋敷
古い日本家屋を改築した「卯sagiの一歩」というお店へ
店内は落ち着いた和室だった
わあ お庭が目の前でいい感じ
そうでしょう雰囲気もよく料理もおいしいお値段も安いんです
お料理は自家製のこんにゃく料理をはじめ
こんにゃくからしみそあえ（絶品ー）
おばんざいとこんにゃくのカツをトッピングした"婚活カレー"
いろいろあって
おいしいですか？
うん せっかくやし雪見酒飲もっか
日本酒もいろいろある
こちら「京生粋」
佐々木酒造のお酒です
京生粋
えッ佐々木酒造ってもしかして
あ 知ってます？

佐々木蔵之介(くらのすけ)さん(俳優)の実家!?
きゃー
え
そうなんですー
きゃー
ど…どこまで日本の深いところに行ってるんだアナスタシアさん!?
じ…実は私佐々木蔵之介さんってよく知らなくて
京都出身なんですよー
カッコイイですよー
スマホ
ほら
もはや㋖のほうが外国人…
よく知ってるねー
はい 私 日本のドラマで日本語を覚えました
教科書で覚えるより生きた日本語が学べます
それから居酒屋でも日本語上達しました
小さな居酒屋に行くと周りの人たち最初は話しかけづらいみたいだけど
おいし…
少し話してみるとその人の知り合いが私の友人だったってことが多いんです
京都あるあるやねー
それがわかると皆さん急に打ち解けてくれます
そんなこんなで好きな日本の食べ物は?
1位はさしみ 2位は鶏料理
ヤキトリとかカラアゲ
3位はごま豆腐……いや やっぱりゆばかな
楽しい雪見酒…

次に案内してくれたのは東山三条の
ここもお気に入りの器屋さんです
めおと屋
「めおと屋」という小さなお店
人ひとりがやっと通れるような小さな店内に
この店オリジナルの器がところ狭しと置かれていた
日常の食卓に使うお茶碗やお皿が多く
猫♡
傘
かまわぬ
ひょっとこと おたふく
お昼寝 はし置き
手びねり 酒杯
伝統的かつ愛らしい色合いの絵付けが乙女ゴコロをくすぐる器ばかり
この売り場のすぐ奥に工房があった
はい スタッフは私も含めて全員女性です
一人は産休で今お休みですけど
売られている器と同じように優しい感じの職人さんたち

窯元で10年ほど修業して独立したという
実際に制作しているところを見てもらえるお店を作りたかったんです
京都の窯元がどんどん減っていくので自分たちにもできることはないかと思って
へぇー
若い女性がこうして小さなお店を構えて伝統を守ろうとしているのだ
外国人向けのウェブサイトはありますか?
いや まだそこまで手が回らなくて
作る時は私がお手伝いしますよ
そしてそれを応援するアナスタシアさん
なんだか感動して
思わず舞妓はんの絵付けの小皿を2枚買う
1枚 1800円
アナスタシアさんは
ゾウの絵付けの手びねりの小皿を購入
1700円

そのあとすぐ近くの「ルバカサブル」というパン屋さんのイートインでビール
今日はありがとう
かちょっ
こちらこそ
それに一つひとつ手作業で作っているところを見たら
きっと使う時も大事にしようって思うし
かわいいお皿が買えてよかった
どんな人がどうやって作ってるかを知ると欲しくなってしまうでしょ
ホント
そうでしょう！手仕事で心を込めて作られたものは生きています
私その心が日本の〝わびさび〟に通じるのだと思います
なるほど
今日は〝日本の美〟と〝手仕事の心〟に触れた一日だった
外に出るとまた雪
やっぱりアナスタシアさんは
雪が似合っていた
アナスタシアさんって短い名前の呼び方はあるの？
ナスティア
Nastya
日本では〝なっちゃん〟と呼ばれています
なっちゃんの日本での生活がこれからもますます美しいものになりますように

アナスタシアさん
オススメ京都の味

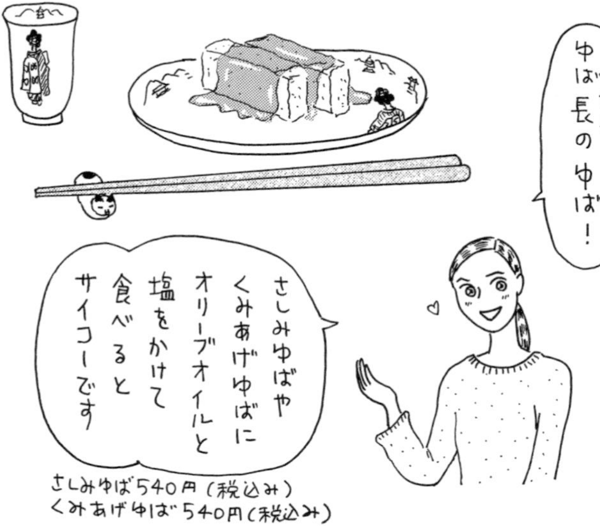

ゆば長のゆば！

さしみゆばや
くみあげゆばに
オリーブオイルと
塩をかけて
食べると
サイコーです

さしみゆば540円（税込み）
くみあげゆば540円（税込み）

地下鉄烏丸線今出川（いまでがわ）駅近くにある「ゆば長」のゆばは、京都の地下水と厳選した国産大豆だけで作られているとのこと。（グ）は「つまみゆば」を食べてみたけれど、何もつけないで食べてもおいしい！

豆の魅力が最大限に引き出された味は、思わず原料の大豆にこう言いたくなった。「アンタ『ゆば長』さんとこで使われてよかったなあ！」

ゆば長
営業時間 9時〜16時頃 日曜休
たまに土曜休業があるので要問い合わせ
☎075-417-1245

アナスタシアさんのウェブサイト
http://www.arigatokyoto.com/
　アナスタシアさんの撮る写真は日本の美しさを再発見させてくれます。ぜひご覧ください。

第2章 京都人の〝洛外〟知らず

みずみずしい街
《伏見水めぐり》

川に囲まれあちこちに地下水脈がある街・伏見は

月桂冠の酒蔵

かつて〝伏水〟と記されていたそうだ

地下に電車を走らせようとしたのだが
なんやとー
んなもん造ったら水脈がおかしゅうなるやろ
水が涸れたらどないすんねんッ
——と伏見の酒造家たちが一丸となって猛反対したそうだ
なので伏見の桃山御陵前駅は開業時から高架となっている
高架下は飲食街
たこ焼
お好み焼
串とみ
ラーメン
酒造家たちに守られた伏見の地下水
水が産業や暮らしを守りまた人々が大切に水を守る街
神聖
山本本家
そんな伏見の水をめぐるさんぽに行ってみました

御香宮神社（ごこうのみやじんじゃ）

この神社
平安時代に境内からよい香りの水"御香水"が湧き出たから"御香宮"という名になったとか
拝殿には"水"にちなんだ中国の故事"鯉の滝登り"の彫刻が彫られていた

御香宮名物(?)
"水かけ占い"
水をかけると絵と文字が出てくるおみくじ

じゃー
もやー
と、うっすら浮かびあがってきたお告げは……
……末吉
なんかナットク……

境内の生命力の
強そうなソテツ

やっぱり
水がいいから
こんなに育つんか？

幹には小株がびっちり！
さすが安産と子育ての
神社で育ったソテツだ

京菓子司　富英堂（とみえいどう）

その名も
〝御香の水〟という
お菓子が売っていた

大納言小豆を
寒天でとじこめた
シンプルなお菓子
だけどその佇まいは
工芸品さながら

シャリッとかじると

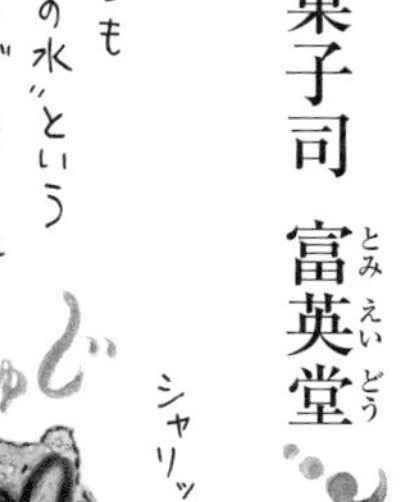

寒天の
中からしみ出す
大納言小豆の汁気
の甘露なこと！
〝御香の水〟の名の
イメージそのまま
のお味でした

白菊水（しらぎくすい）

鳥せい本店横にある井戸から湧く水は
山本本家の酒造りに使われている
"白菊水" 地元の人らしき方たちが
ひっきりなしに水を汲みに来ています

(グ)も飲んでみると

と、思いつつ次に行ったのが――

伏水（ふしみず）

キザクラカッパカントリーの
井戸に湧く"伏水"は

と、水の味が違う
ことにびっくりした

ちなみに黄桜記念館では昔の黄桜の
CMを流していて館を出たあとしばらくは

この曲がぐるぐる
脳内をリフレイン

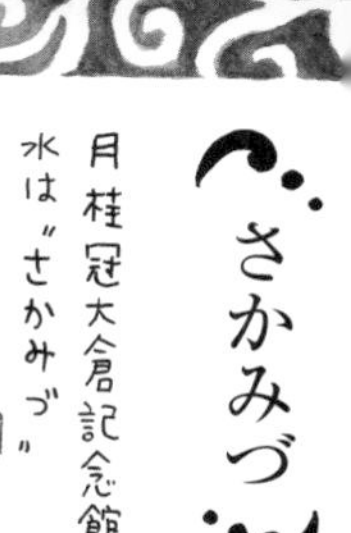

さかみづ

月桂冠大倉記念館内に湧く水は"さかみづ"

こっちはきめ細かい感じの味……

同じ伏見の水でも場所によって味が違うものなのですね

月桂冠大倉記念館には昔の宣伝グッズなどがある

ベーブ・ルースが来日した時に作られた立て看板

吟醸酒房 油長（あぶらちょう）

伏見のお酒が飲み比べできるお酒屋さん

原酒や古酒、季節限定、ここでしか飲めない珍しいもの、種類豊富で何を飲むか迷ってしまう

お酒を3種類選べお猪口に注いでくれる

おつまみ2品付き

当然だけどそれぞれ味が違っておもしろい

へえ〜古酒って紹興酒みたい

わーこの蔵出ししたばかりのって気が強そうな味

水も米も気候も違う蔵で造られる日本酒の味はまさに無限！しかも必ずしも高いお酒が（自分にとって）おいしいというワケではないところも愉快なり

ずら〜

あらっ一番おいしいと思ったお酒意外に安い！

金運清水

大黒天を本尊とする大黒寺に湧く
井戸水で金運良好 資産増加の
ご利益がある 水だそうだ

心なし
甘い
気がする

ちなみに
大黒寺の
ななめ向かいに

という神社がある
ここでは金色の金運
お守りが売ってました
行くだけで金運が
アップしそうなエリア

伏見大手筋商店街

水とは関係ないけど伏見大手筋商店街を
歩くのは伏見に行く時の楽しみの
ひとつ

京阪
伏見桃山駅の
ふみ切りの
すぐ向こう

ところどころ
路上販売の
八百屋さんや
花屋さんも
あっていつもええ
感じでにぎわってます

大手筋商店街から先は
納屋町商店街 竜馬通り商店街に
続いていて伏見は商店街好きを
ワクワクさせる街でもあるのだ

濠川(ごうかわ(ほりかわ))
濠川沿いを歩くと
けっこう釣り人がいて
川には鯉の大群が
泳いでいた
ぬ
ぬ
ぬ
やっぱり
川の水も
いいのか!?
いく
釣れてるし…
三栖閘門(みすこうもん)
濠川と宇治川の
合流点に 遠目
から見ると
ラブホ?
っぽく見える
建物がある これは
水位の異なる濠川と
宇治川の水位を
調節し船の運行が
できるようにした
設備で昭和4年に
建設されたもの
近くから見るとー
鉄とコンクリートの
な何?この
力強い構造美…
いかにも昭和初期の
産業遺産という感じで その上
近代建築好き
ジャッキー度も高い!!
ババババ
助けて
ジャッキー
すぐ
行く!
わくわく
いかにもジャッキー・
チェンが好んで
アクションシーンに
使いそうな場所
ジャッキーファン→
個人的にかなりときめく水門であった

新地湯(しんちゆ)

地下水を使用している、昭和6年に開業した これまたレトロな建物のお風呂屋さん

行きは モダンガール

帰りは 粋なゆかた

それにしても お酒に仕込む名水を自分に浴びられるなんてゼイタク…

そのせいか 新地湯の娘さんめっちゃ肌キレイ!

小さい時からずっとこのお湯につかってたせいか 結婚して住み始めたマンションでシャワー浴びた時

なんかザラザラしてる…

って思いました

え?

ウチに長年通ってるお客さんもみんな肌キレイですよー

↑40年通っているという70代の女性 お肌ピカピカ

あと伏見のお酒飲むんも肌にええんやでー

やっぱり水がいいんや!

そう、やっぱり本当に伏見は 水あふれる ミズミズしい街でした

知られざる山科①
《知らなくてゴメン》

山科出身の梅(うめ)ちゃん(グの古い友人)は

ガンッ

京都人は山科のことバカにしてるッ

と言ってよく怒る(特に酔った時)「なんで?」と聞くと

〝京都人〟に「山科出身」と言うと

〝あ もしかしてヤンキーやった?〟

——って聞かれるんちゃうっちゅーの

まあウチの中学校ヤンキーばっかりやったけど

くすっ

それから〝え〜山科は京都市と違うやろ〜〟

——って京都市山科区で1976年まで東山区やったっちゅーの

いやでも 私はそこまで言わへんで
ほなグレちゃんは山科ってどんなイメージなん?
え

山科……
……えっと……
……

あッ高校ん時同級生に山科住んでる子ォいた!
それだけかい!!

そんなワケで
いっぺん来て！いいとこやし
梅ちゃんに山科を案内してもらうことにした
当日は山科にある地下鉄東西線御陵駅で待ち合わせた
二条駅から13分で着いたよ 山科って近いんや！
せやで 山科は近いん 97年に東西線ができてさらに便利になったし
ちょっと住宅街通って行くわ
あッ思い出した
高校ん時 一度遊びに行った山科出身の同級生の家もこんな住宅街やった
その時思ったなあ
家ばっかりでお店とかなくてさみしい 全然京都と違う
──って
いや 山科も京都やし
山科にはこんなすごい住宅もあるんやで
おお〜かっこいい近代建築
1929年に建てられた住宅※で大学の先生が住んでいたみたい 国の有形文化財にも指定されてるん

でも子どもの頃は
そんなこと知らんし
怪人二十面相のアジトかもしれん…
――って思ってドキドキしながらこの前通ってた
へぇー
それからすぐ近くに山科疏水が流れてるん
え？
へー 疏水って琵琶湖から山科通って蹴上に続いてるんや
!!
………
え？
そ…そんなことも知らんかったん？
私
知らなさすぎだったでしょうか？
そして知らなかった山科疏水の並木道は
おおおッ めっちゃキレイ
でしょ!!
ちょうど紅葉の盛りだった

いいなぁ 家の近くにこんな散歩道があって
紅葉もいいけど桜の頃もほんまキレイやし！
梅ちゃんと知り合ったのは二人とも20代前半の頃で
お互いバックパッカーで香港の安宿で知り合って
これからタイに行こーと思ってるん
私も！
一緒にタイにも行った
帰国してからも京都で会うようになった
またタイに行ってきてん
えーいいなー
日焼け
会うのは山科ではなく河原町(かわらまち)あたりの居酒屋だった
そのうち梅ちゃんが就職して海外駐在になったこともあり十数年も会わなかったけど
久しぶりー
わー
変わらへんなー
最近再会してまたちょくちょく会うようになった
十数年会っていない間に
手術したあとリハビリのためによくここ歩いたなあ
今はもう大丈夫？
大丈夫
お互いいろいろあったけど

昔ながらの友人は
わあ いい 眺め
そうそうこの前 若い子ォとしゃべってたらな
インターネットもない時代によくバックパッカーしてましたねって言われた
アハハ
昔ながらのお互いを知っていて
昔ながらのことで
でもウチらが若い頃ネットがなくてよかったと思う
うん ネットがない時に知らん国歩けてよかったよね
わかり合える――
だけど――
ここが山科の街の商店街
ああッ〝もてなすくん〟!!
これ山科なすびのもてなすくん
山科の商店街の有名なキャラクターなん!
え…
グ
山科のこと知らなくてゴメン
やーん この風船欲しい～
なめっちゃかわいいやろー
え…
そんなにかわいいか…?
グ
わ…わからなくてゴメン

それから山科に京町家を改築した

おいしい

この店いっつも行列ができるねんで

オシャレなパスタ屋さんがあることを知らなくてゴメン

山科にも無印良品あるんやー

関西最大級やで

ちなみに地下食品売り場充実してるで

無印良品

山科にでっかい無印良品があること知らなくてゴメン

そして山科にいい感じのお餅屋兼食堂があること知らなくてゴメン

千成餅

わーおはぎおいしそー

あれ

↖和菓子好き

とその時偶然お店から出てきたのが

Sさん!

あれ?もしかして今日が取材ですか?

?

山科区の「まちづくりアドバイザー」をされている梅ちゃんの知り合いだった

知られざる山科②《山科愛と山科ハイ》

山科の毘沙門堂(びしゃもんどう)は

もみじのあでやかさに染まっていた

でも拝観料まで払って中に入るんは初めてかも
まあ地元民ゆうたらそんなもんやろ
と入ってみた毘沙門堂は
動く襖絵があったり
襖が動くというワケでなく動きながら絵を見ると角度によって変化して見える
ここは〝梅の間〟と呼ばれる部屋でここに通された客は面会することなく帰らされたといわれています
お坊さんが案内してくれる
撮影禁止だったのでうろおぼえ
この絵 梅の木なんですが普通 梅にはウグイスなのにここではウグイスではない鳥が描かれているんですつまり——
鳥が合わないということで——取り合わない
オラオラこの絵の意味に気づいてさっさと帰れや
おそいなー
まだかなー
〝いけずの間〟と呼ばれています
うわー
ポン
梅ちゃん 山科ってめっちゃ京都やな

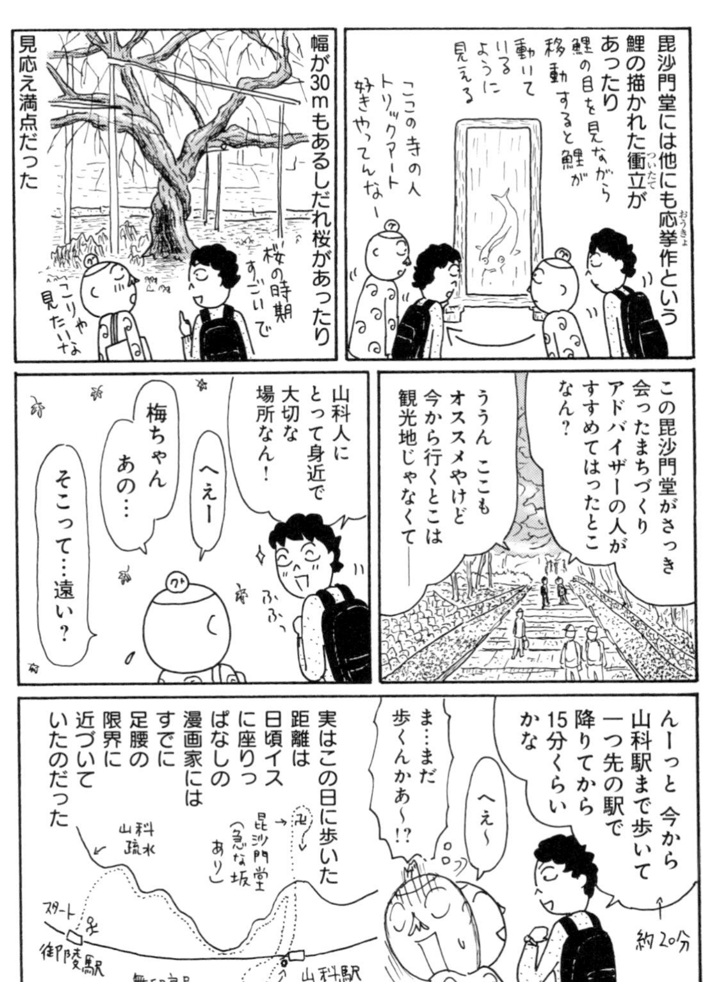
毘沙門堂には他にも応挙作という
おうきょ
鯉の描かれた衝立が
ついたて
あったり
鯉の目を見ながら
移動すると鯉が
動いて
いる
ように
見える
ここの寺の人
トリックアート
好きやってんなー
幅が30mもあるしだれ桜があったり
桜の時期
すごいで
こりゃ
見たいな
見応え満点だった
この毘沙門堂がさっき
会ったまちづくり
アドバイザーの人が
すすめてはったとこ
なん？
ううん ここも
オススメやけど
今から行くとこは
観光地じゃなくて――
山科人に
とって身近で
大切な
場所なん！
ふふっ
へえー
梅ちゃん
あの…
そこって…遠い？
んーっと 今から
山科駅まで歩いて
一つ先の駅で
降りてから
15分くらい
かな
約20分
へえ～
ま…まだ
歩くんかあ～!?
実はこの日に歩いた
距離は
日頃イス
に座りっ
ぱなしの
漫画家には
すでに
足腰の
限界に
近づいて
いたのだった
毘沙門堂
(急な坂あり)
山科疏水
スタート
御陵駅
無印良品
山科駅

山科駅から地下鉄でひと駅東野駅まで行って
わー暗くなりかけてる急ごう
フラ
フラ
住宅街で道に迷っていると
あれー確かこっちやったはずやけど
……
疲れて無口→
ん？
な…何これ
ドどーん
これが山科の身近で大切な場所？
ちゅーか私の幻覚て、
いや…これは私も知らん
突然大きな石が積み重なった巨大オブジェのようなものが！
あそこの四角いところに何か文字が刻まれていたんやろうけど…
裏側にも同じのがあるけど小さすぎて読めない
こっちの石碑も文字がない
読まれたらヤバいもんでも刻まれてたんかな

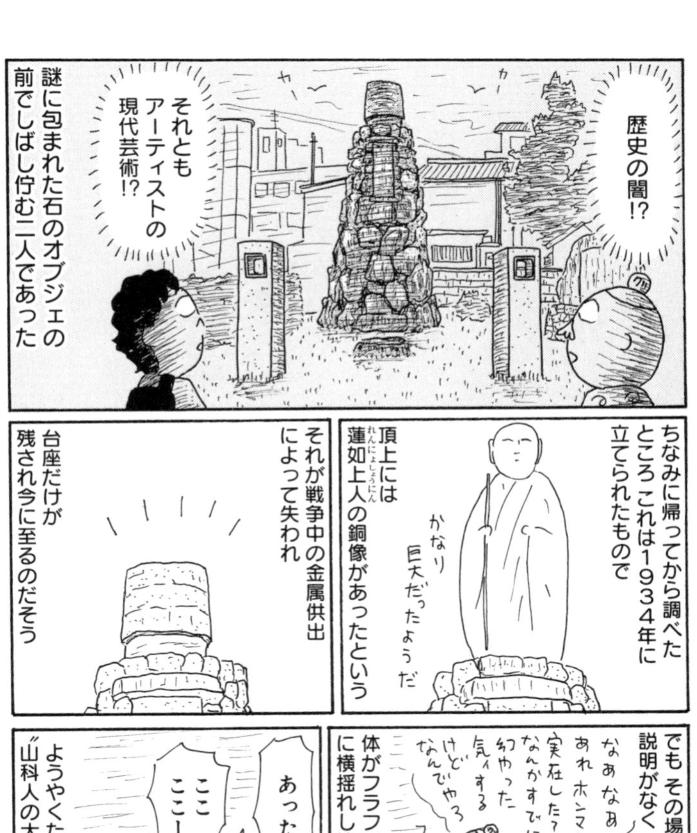

でも その場ではそういった
説明がなく

なぁなぁ
あれホンマに
実在した?
なんかすでに
幻やった
気ィする
けど
なんでやろ

フラ
フラ

よろ
よろ

体がフラフラで脳みそもヘン
に横揺れし始めた夕暮れ時

あったー

ここ
ここー

ハッ

ようやくたどり着いた
〝山科人の大切な場所〟とは——

山科南団地横の
タコ公園…
この「タコ滑り台」私が小さい頃からあって昔から遊んでたんやけど
今も子どもに大人気なんやて
すごいと思わへん？　山科の子はみんなこれ滑って成長していくん　山科にとっては大事な場所なん
あれ？どしたん？
や…ちょっと疲れが…
へな
……
大丈夫？
…うん
…まあせっかく来たんやし
滑るわ
えッ

滑るわ滑るわ
滑ったらいいんやろーッ
あはは
あはは
え
グレちゃん？
この時
グは相当に疲れて
いたんだと思う
普段歩かない
距離を歩いたことに――
ガシッ
普段
座りっぱなしの仕事に――
わっし
わっし
わっし
ハァ
ハァ
ハァ
すちゃっ
……
梅ちゃん…
え
私
滑り台
滑ったん
何年ぶり
やろ…

めっちゃ気持ちいい!!
え
梅ちゃんも滑り!!
普段使わない体で普段しない動きをしたせいか——
わっしわっし
わっしわっし
梅ちゃんも何か思うところがあったのか——
わっしわっし
歩き疲れ横揺れ状態だった脳みそが
上下運動で縦揺れになったせいなのか——
すー
夕暮れの山科タコ公園で中年女二人を襲ったのはワケのわからない
異様なハイテンションであった
(のちに〝山科ハイ〟と命名)
すー
あはは
すい
あはは
あはは
あはは
あはは

タコ公園のあとに覚えていることといえば
〜ふう〜…
まさかタコ公園に3ページついやすとは…
タフ〜
ぐびぐび
また山科駅まで歩いて韓国料理屋さんで飲んだこと
それと梅ちゃんの友人(山科出身)がやってきて
えータコ公園行ったん?
私もあそこ大好きでしたー
えッ山科出身でよかったと思うこと?
"京都"で山科出身の人に会うと"私もー"って感じですぐ意気投合できること
あはは
ウチらもな
と言っていたこと
さらに帰りの地下鉄に乗る時
ハア〜それにしても市内まで10分ちょっとで行けるなんて山科って便利やな〜
ばし
痛ッ!
山科駅
山科も京都市内やッ!!
あそっかー
と梅ちゃんが怒っていたことくらい
ちなみにタコ公園は春になると桜が盛大に咲くそうです
皆さんもタコ滑り台で山科ハイを一度体験してみてください

梅ちゃんオススメ

山科の飲み屋さん

龍野（たつの）商店＆SOMEWHAT BAR

お酒屋さんのやってるバーで山科にちなんだカクテルがあるん

その名も

もてなすくんカクテル
血洗池カクテル〜
九条山刑場カクテル〜
天文台カクテル
疏水カクテル
三条街道カクテル

山科の名所やおどろおどろしい地名にちなんだカクテル（どれも650〜700円・税込み）を出すバー。

「もてなすくんカクテル」はもてなすくん色をしたカクテルだそうです。他のカクテルがどんなのかは、注文してからのお楽しみ。由来をお店の人に聞きつつ、山科に思いを馳せながら飲みましょう。

龍野商店＆SOMEWHAT BAR
営業時間 10時30分〜17時30分（酒屋）、18時〜23時（バー）日曜・祝日休
☎075-581-0130

第3章

京都人の京さんぽ

下鴨納涼古本まつり
《下鴨ジンジャー》

毎年8月のお盆の頃　下鴨神社の「糺の森」では

〃下鴨納涼古本まつり〃が開催される

あ…
シャワ
シャワ
シャワ
シャワ
シャワ
シャワ
暑う…
行くたびに
〝下鴨納涼古本まつり〟のどこが
〝納涼〟なのかわからなくなる
京都には〝三大古本まつり〟
というものがある
夏は下鴨神社の「糺の森」
春は岡崎の「みやこめっせ」
京都コーナー
大量の京都本が集められた〝京都コーナー〟
秋は「百萬遍知恩寺」で
開催される
古本まつり
秋の古本まつり
なかでも夏の古本まつりは
春・秋よりも〝セール感〟があって
雑誌 3冊 200円
映画パンフ 200円
1冊 100円
200円均一 3冊 500円
今日は何かに出会えそう!
きっとステキな掘り出しものが!
とワクワクする――

――のはせいぜい30分ほど
あ…暑くて
もう本なんか
どうでもよく
なってきた…
よろ
みんな暑いのに
よく来るなあ
まあ自分も来てるけど…
古本まつりの客というと
おじさんがメインみたいに思うけど
けっこう若い人も多い
ここに
来ると〝本離れ〟っちゅー
言葉がウソみたいやな
ん
あ　この本
この前　鎌倉の
古本屋で
2500円で
買った本や
パラッ
500円
はあぁ…
アホやった
…もう
買った本と
同じの
見つけても
値段見るの
禁止令
発布や
ん？
よろ
よろ
…へーえ
この本
おもしろそう
いくらやろ？

う…
3冊 500円
1冊売りはしません
アカン…今の自分にはもう他の2冊を選ぶ気力ないわ
はあああ
ちょっと休も…
こういう日には
シャワ シャワ シャワ シャワ
氷
うどん
ビール
…を飲むとさらに何もかもがどうでもよくなりそうやから
「ユーゲ」※に行ってあ・れ・を飲もう
“ユーゲ”は糺の森の南のほうの出口からすぐ近くのカフェ
ココ→
なんだけど看板も出ていないので
ここがカフェってわかる人いるんか?
パッと見 普通の民家

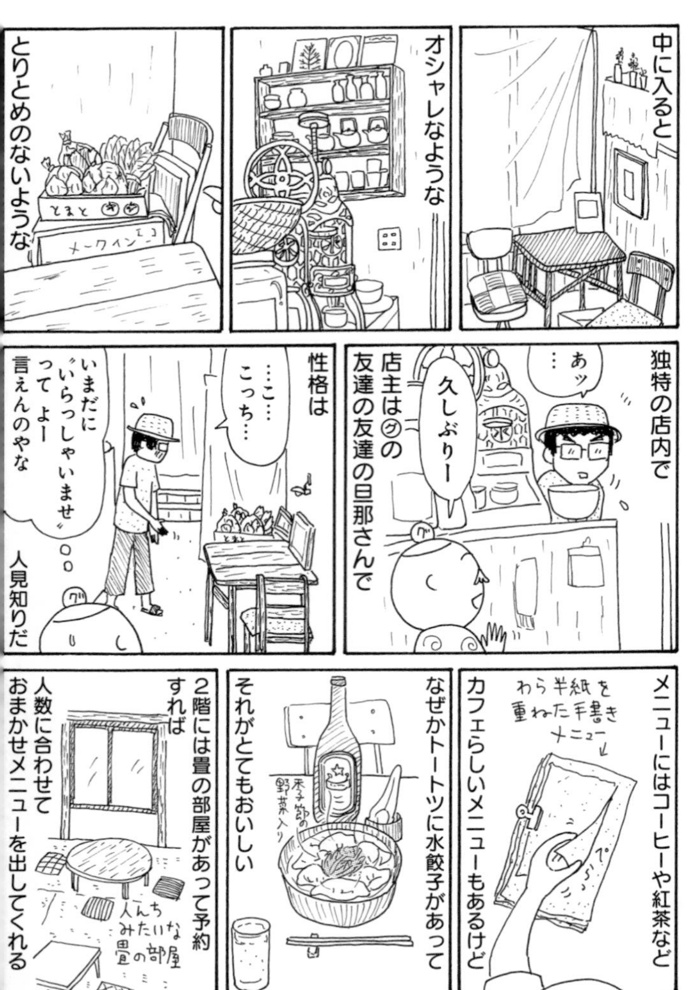
中に入ると
オシャレなような
とりとめのないような
とまと
メークイン
独特の店内で
あッ…
店主は㋖の友達の友達の旦那さんで
久しぶりー
性格は
…こ…こっち…
人見知りだ
いまだに"いらっしゃいませ"って よー言えんのやな
メニューにはコーヒーや紅茶など
わら半紙を重ねた手書きメニュー
カフェらしいメニューもあるけど
なぜかトートツに水餃子があって
季節の野菜入り
それがとてもおいしい
2階には畳の部屋があって予約すれば
人数に合わせておまかせメニューを出してくれる
人んちみたいな畳の部屋

一度ここで飲み会をしたことがあるけど びっくりするほど凝った料理が出てきて
おだしのきいたとろっとしたおつゆ
桜もちが入っていて中はあんじゃなくて白身魚
青菜
どこの料亭の味や――ッ
というほどおいしかった
人見知り店主は料理上手なのだ
お あった あった
そんなお店で下鴨納涼古本まつりに来た時に注文するのは
下鴨ジンジャーで
……
コクッ
人の目を見ない
特製シロップ入りソーダにたっぷりの生姜汁とミントが入った
それが下鴨ジンジャー
おまけのビスケット
飲むっ
ちゅ
くは――ッ
しゅわわ～
ああ このあとを引かない さわやかな甘さ！

それに生姜がたっぷり入っているせいか
ちゅー
ぷはー
飲んだあとシャキッとするんよね
はーっ 古本めぐり疲れも吹っ飛ぶわ
ところで なんで下鴨ジンジャーって名前なん？
え…
…ダ…
ダジャレ…
わ
すみません ワザと聞きました
イケズ
実はそんな人見知り店主なればこそ ひそかなファンも多いカフェユーゲである
たまーに雑誌に紹介されてるな
でも知らん人が来るとキンチョーして…
手作り焼き菓子もとてもおいしい
そんなワケで 生姜もダジャレもきいた下鴨ジンジャーのおかげで
さてと
ふんっ
シャワ シャワ シャワ シャワ シャワ
もっぺん仕切り直し――！
再び古本の森へ挑むことができる㋘であった

京都の日常街
《ニュー千ブラ》
もし「今京都で最も注目している場所はどこですか？」と聞かれたら
千本中立売周辺！！
と答える
きたの
「千本中立売」略して"千中"周辺は昭和の中頃までは"千ブラ"という言葉があったほど
西陣の繁華街の中心地だったそうだ
映画館がたくさんあったという千本一条あたり
千中の近くには職安があって
いい仕事あんまなかったなあ
西陣職業安定所
当時は"ハローワーク"じゃなかった
20代前半の頃よく仕事を探しに行ったり失業保険をもらいに行ったりしていた
Ⓖはそのたびに
なんか食べて帰ろー
この千中周辺を自転車でブラブラするのが好きだった

その頃から かつての"千ブラ"時代の華やかさはなくなっていたが

昔ながらのお店が今も昔ながらに営業している

千本一条の吾妻軒

その中には

なッ…何このおいしさ!?

と衝撃的においしいお店も存在するが——

この店のこの味が時々ムショーに食べたくなるねんな…
ずずっ

という味わいのお店のほうが多い

そして少し路地裏に入ると

かつて遊郭(ゆうかく)だった"五番町(ごばんちょう)"の面影がほんの少し残ってもいる

また 京町家を改築したカフェや古書店といった新しいお店もある

喫茶ゆすらごさんの建物は元・質屋だったそう

個性的なお店が多くて楽しい

そんな昭和の名残がいい具合に発酵して日常に息づいている千中周辺を

(グ)が勝手に"ニュー千ブラ"と称してご案内しましょう
ニューチブラツアー

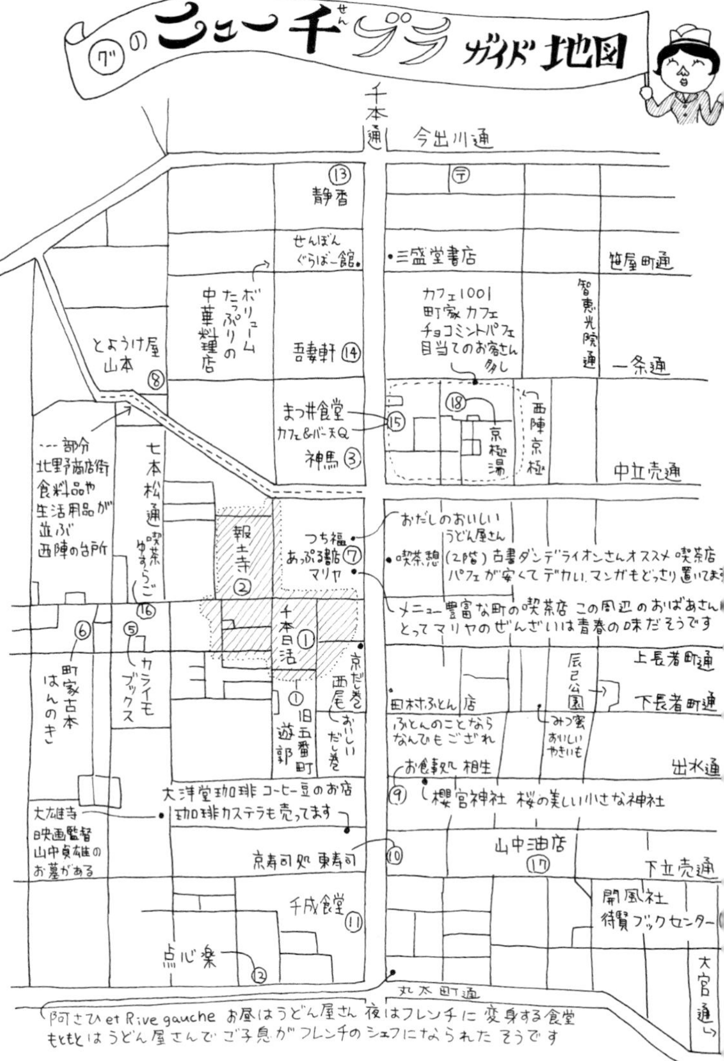

グのニュー千本ぶらガイド地図
千本通
今出川通
13 静香
〒
せんぼんぐらばー館
三盛堂書店
笹屋町通
ボリュームたっぷりの中華料理店
カフェ1001
町家カフェ
チョコミントパフェ目当てのお客さん多し
智恵光院通
とようけ屋山本 8
吾妻軒 14
一条通
まつ井食堂
カフェ&バー天Q
15
18
京極湯
西陣京極
神馬 3
中立売通
---部分 北野商店街 食料品や生活用品が並ぶ西陣の台所
七本松通
喫茶ゆすらご
報土寺 2
おだしのおいしいうどん屋さん
つち福
あっぷる館 7
マリヤ
喫茶憩（2階）古書ダンデライオンさんオススメ喫茶店 パフェが安くてデカい、マンガもどっさり置いてます
メニュー豊富な町の喫茶店 この周辺のおばあさんにとってマリヤのぜんざいは青春の味だそうです
16
6
5
千本日活 1
町家古本はんのき
カライモブックス
京だし巻 西尾 おいしいだし巻
旧五番町遊郭 1
上長者町通
辰己公園
田村ふとん店 ふとんのことならなんでもござれ
下長者町通
みつ蜜 おいしいやきいも
お食事処 相生
出水通
大洋堂珈琲 コーヒー豆のお店 珈琲カステラも売ってます
9
櫻宮神社 桜の美しい小さな神社
大雄寺 映画監督山中貞雄のお墓がある
京寿司処 東寿司 10
山中油店 17
下立売通
開風社 待賢ブックセンター
千成食堂 11
点心楽 12
大宮通
丸太町通
阿さひ et Rive gauche お昼はうどん屋さん 夜はフレンチに変身する食堂 もともとはうどん屋さんでご子息がフレンチのシェフになられたそうです

思い出 ①千本日活
小説『五番町夕霧楼』（水上勉）の舞台となった元遊郭は"千中"のすぐ近く
DVD
五番町夕霧楼
'63年と'80年に映画化されている
今その面影を残す建物はほんのわずか
ⓖが初めてこのあたりに行ったのは18歳の時で
洋館ぽい建物があった
その頃は今より"五番町"の面影が残っていた
わぁ カッコいい ステンドグラス
そして
わッ
よく自転車であちこち散歩してた
こんなところにポルノ映画館がある…
千本日活
そこはけっこう立派な映画館で
へー3本500円でめちゃ安いな
入場
500円
私ももう18歳やな
18歳未満お断り
とⓖは何を思ったのか

ほらッ3本立て
500円やて
ホンマに
入るん?
ウチらももう
18歳やし
18らしいこと
せんと
どんな理屈
やねん
アハハ
友人を誘って
一緒に観に行ったのである
チカンとかいーひんかな
大丈夫
きっと
空いて
るって
と なんの
根拠もなく入ってみたところ
けっこうお客さんが多くて
びっくりした
ぎょっ
ぎょっ
当然だけど
男性ばかり
むこうも場違いな客に
驚いただろうけど
そこにいるのは
普段どこにでも
いそうな男性ばかりで

今も現役で存在しているのだった
しかも当時から100円値上っただけの600円!!

千本日活

子供とび出し注意

でも今は入る勇気がありません

遊女観世音菩薩（ゆうじょかんぜおんぼさつ） ②報土寺（ほうどじ）

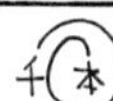

かつて遊郭が並んでいた場所にある報土寺は、身寄りのない遊女の亡骸（なきがら）を弔う、〝投げ込み寺〟だったそうです。その境内に遊女たちを供養するために立てられた〝遊女観世音菩薩〟がある。

五番町の建物が消えていくなか、この地ではかなく亡くなっていった女性たちがいたということを忘れないためにも、そっと手を合わせたい観音様です。

※通常は非公開。要予約。

京都を、いや日本を代表する居酒屋 ③神馬（しんめ）

昭和9（1934）年創業、千中の歴史を見続けてきた居酒屋「神馬」。初めて来た人はその店構えの風格と、店内に貼られたメニューの（居酒屋としては）少々高いお値段にびっくりすると思う。しかし食べてみると……さらに驚きます。

どの料理もすばらしくうまいのだ。

特に魚料理！　特に鯖（さば）ずし!!　もともと好物なんだけど、ここのは次元が違った。食べたのが冬で、冬は特に鯖がおいしくなる季節だそうで、食べた瞬間、脳からなんらかの物質が飛び出したのがわかりました。〝ヤバい〟とはこういう時に使う言葉なのでしょう。料理で酔えるお店です。

神馬　日曜休
☎075-461-3635

日本酒の"ブレンド"のあつかん
神馬
おつなお味とはこのこと

古本屋さん

④開風社待賢（かいふうしゃたいけん）ブックセンター
⑤カライモブックス ⑥町家古本はんのき
⑦あっぷる書店

絵本も多くて表の絵本を
子どもが見に来たりするそう
この近所にはきっと
本屋さん好きが育つだろう

開風社さんと同じく'19年に
〝チブラ区域〟にやってきたのが
「カライモブックス」
カライモ ブックス
カライモ ブックス
ひゃ〜めっちゃ
路地裏

以前は別の場所で営業して
いたけどここに引っ越しされた
天井高いですねー
元は西陣織りの高機（たかばた）があったそうです
店主のご夫婦は作家石牟礼（いしむれ）道子（みちこ）さんを
敬愛されていて

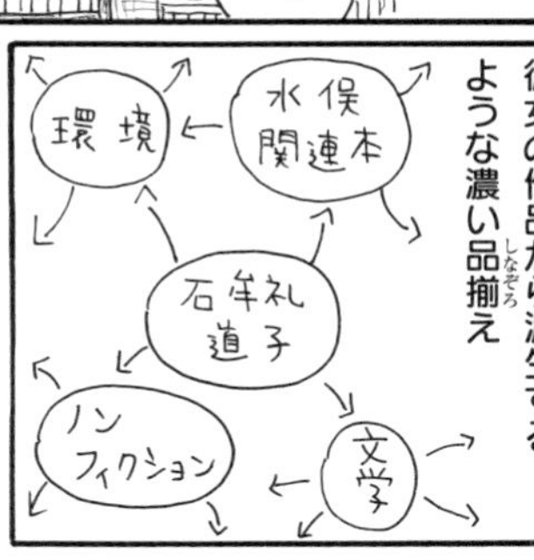
彼女の作品から派生する
ような濃い品揃え（しなぞろえ）
水俣関連本
環境
石牟礼道子
ノンフィクション
文学

入口の100〜200円均一コーナー
もめっちゃ充実
100
200
どっさり

店内には石牟礼道子さんの
直筆スケッチと共に
娘さんのみっちんの
絵があちこち飾ってあって
それがとてもかわいい
そのカライモブックスさんの
近所に
「町家古本はんのき」がある
築100年以上！

ここは3人の個性的な名前の
古本屋さんが共同経営
されていて
古書
思いの
外
空き瓶
Books
古書
ダンデライオン
海外日本文学
思想書等
文学
演劇等
文学哲学
芸術等
店内は見ごたえたっぷり

靴を脱いであがる古本屋
さんは
本好きの友達の家にお邪魔して
いるみたいでミョーに落ち着く

そういえばこのあたりに
「エリナー書房」という
古本屋さん
があって
フツーに
京町家だった
その店はとっくになくなって
エリナー書店

ちなみにあっぷる書店の店主は
80歳を越えておられますが
わーまた髪型変えはったんやー
パーマあてましてん
そのセーターもかわいい〜
うふふふ
会うといつも女の子っぽい
会話になります

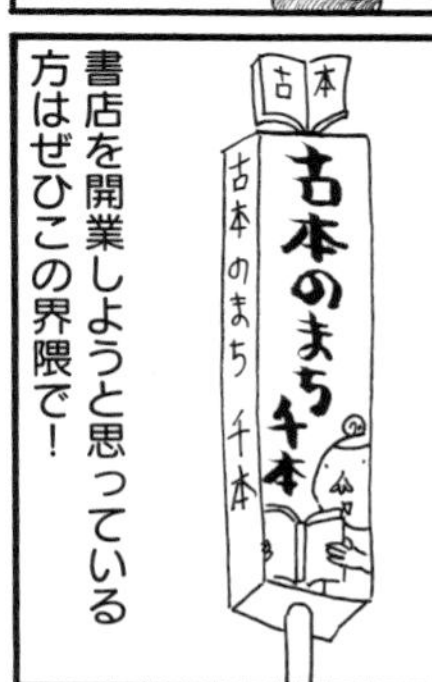

そんなワケで〝千ブラ〟界隈が充実しつつあります
古本
古本のまち 千本
古本のまち 千本
書店を開業しようと思っている方はぜひこの界隈で！

クセになる ⑧京豆腐 とようけ屋山本 ⑨お食事処 相生 ⑩京寿司処東寿司 ⑪千成食堂 ⑫点心楽

おあげさん ⑧京豆腐 とようけ屋山本（やまもと）

「町家古本はんのき」の古書ダンデライオンさんオススメの油あげ。北九州出身の彼が京都に来てびっくりしたのは

ということだそう。食べ物で〝京風〟というとちんまりして薄味というイメージだけど、〝おあげさん〟は大きく分厚いのだ。特にこのお店の油あげの重量感と風味の豊かさときたら！ 1枚250円（税別）だけど、なぜか200円や180円のものが売られていたので、どうしてかと尋ねると「1枚1枚手作りなので、どうしても傷ができてしまう。その傷の具合による違い」とのこと。この〝おあげさん〟は、京都人の良心からできています。

京豆腐 とようけ屋山本 お盆・年末年始休 ☎075-462-1315

ジオラマ ⑨お食事処 相生（あいおい）

店内を鉄道模型が走る食堂。小さな列車がジオラマの中を走る姿を、食事をしながら眺められる。

しかも列車の模型は毎週替わるとのこと。ジオラマの風景も季節ごとに替わり、Ⓖが行った時は雪景色の中、除雪車が雪を乗せながら走っていました。食事しながら小さな旅気分が味わえます。

お食事処 相生 木曜休 ☎075-841-8001

味の工芸品

⑩京寿司処東寿司（あずまずし）

大正15年から続く京寿司のお店。京都でも江戸前にぎりの店が増える中で京寿司のおいしさと美しさを守る店。

お寿司に入ってるしいたけは2昼夜かけて炊くそうで絶品!

押し寿司、鯖寿司、巻き寿司、冬は蒸し寿司。美しい母娘の作る京寿司は味の工芸品です。

京寿司処東寿司
水曜休　☎075-841-5756

カレーうどん

⑪千成食堂（せんなりしょくどう）

化学調味料無添加のおだしと自家製のつややかなメン。片栗粉でとろみをつけた古式ゆかしきあげカレーうどん。

店主がものごころついた時からあるという招き猫

そのおあげはとようけ屋さんのもので、これぞザ・京都のカレーうどん! つい、おつゆの最後まで飲み干してしまいます。

千成食堂　日曜休　☎075-841-7213

うちの餃子

⑫点心楽（てんしんらく）

皮も具も自家製のぶたまんと餃子屋さん。ここの〝うちの餃子〟はもっちり皮で具にはニンニクが入ってなくてしつこくなく、焼いても水餃子にしてもするするといくらでも食べられます。イートインもできます。

ぶたまんとビールのゴーゴーセット550円

なぜか美山のハチミツが良心的価格で売っている

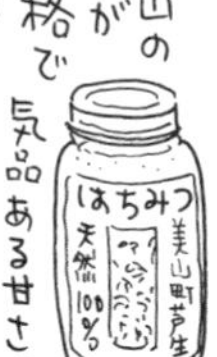

気品ある甘さのトチの花のミツ

点心楽　日・月曜休　☎075-202-5871

昭和美　⑬静香　⑭吾妻軒

リニューアル　⑬静香

昭和12（1937）年創業。知る人ぞ知る老舗喫茶「静香」がリニューアルされ、玄関の木枠が赤いペンキで塗り替えられた。「げッ、あのシブい玄関に赤ペンキ？」と心配になった人もいるでしょう。でも――。

な…何このパリ感⁉

レトロなタイルの曲線と赤い木枠の組み合わせが非常にモダンで、パリの街角にあるカフェのようなカッコよさ。店内は壁と天井を補強し、塗り直しをしただけのようです。昔ながらのミルクコーヒーがよく似合う空間。

静香　水曜・第二火曜休　毎月25日は営業　☎075-461-5323

美しき店内　⑭吾妻軒

このお好み焼き屋さんに入った瞬間こう思った。

こ…このお店を映画のロケに使いたい‼

映画監督とちゃうけど

内装は40年以上ほとんど変わっていないという。緑色で統一されたテーブルや、昔の列車の座席のようなイス……なんて美しく保存された〝昭和〟なのだろう。戦前は洋食店で、戦後にお好み焼き店になったとのこと。お好み焼きもおだしがきいた、上品な味わい。懐かしい京都が味わえるお店です。

吾妻軒　月曜休　☎075-463-0465

演奏できます
⑮まつ井食堂・カフェ＆バー天Q　⑯喫茶ゆすらご

昼の顔と夜の顔　⑮まつ井食堂・カフェ＆バー天Q（てんきゅー）

一見フツーの食堂の隣に、「カフェ＆バー天Q」という名の不思議な名前のお店が。実は経営者が同じで、「まつ井食堂」のほうは戦前から営業されているそうだ。

タイル張りのモダンな内装（床のタイルは戦前のもの）だけど気取ってなく、地元のお客さんが新聞や雑誌を読みながらゆるーく過ごしてはります。

夜はお隣で、京町家を改修したライブハウス「カフェ＆バー天Q」（かつて千本通にあった「天久」という有名なカフェにちなんでいるそうです）を営業。京都は音楽をやっている人が多く、ほぼ毎日ライブの予定があるそう。

まつ井食堂・カフェ＆バー天Q　不定休　☎075-441-0660

ランチもお酒もあります　⑯喫茶ゆすらご

店主さんが〝演奏のできる場〟が欲しくて、築100年以上という古民家を改築してできたライブハウス兼カフェ。緑色を基調にしたアンティーク家具や小物、本棚に充実しているのは『ガロ』系の漫画本……。

コーヒーもケーキもおいしい。開店してまだ数年なのに、70年代からあるように感じさせる雰囲気のお店です。

喫茶ゆすらご　不定休　☎075-201-9461

千本 謎 ⑰山中油店 ⑱京極湯 千本

千中近くの〝西陣京極〟にある
古い銭湯「京極湯」
入口にこんな札がかかっていた
湯極京
京極湯
ん？

今日はあひるがおります
あひる…？
お風呂の中に？
えー
ぐわっ
ぐわっ
グ

入ってみると
オモチャのあひるが浮いていた
金曜・土曜・日曜はあひるがいて子どもに人気なのだそう

この京極湯は戦前から続く銭湯で
洗い場の美しい曲線がどことなく喫茶店「静香」の玄関と似ている

浴室は約50年前に改修したそうだけど
清潔ですがすがしい
←サウナはスチームサウナ
耐水性文庫本『文士と温泉』が置いてあった

この京極湯がある西陣京極は今は飲食店がポツポツあるくらいだけど
うなぎ料理 思いお
西陣京極
西陣京極

昔の西陣京極は映画館もお店もよーけあってそりゃーにぎやかでしたわ
特にウチの近所はストリップ劇場があったのでいつも音楽がかかっていて
へー
踊り子さんたちもウチの店によく来てくれたん
女湯で踊り子さんの裸が見られたんやねー
うふふふ
タオル

かつてはにぎやかだった〝千中〟周辺千本通と中立売通に路面電車が走っていたその時代に
タイムスリップして行けるものなら行ってみたい
西陣京極

でも今の〝千中〟だって好きだ 買い物して食べて飲んで湯につかって地元の人の日常が息づいている
まだまだ入ってみたい店もあるな
もういっそ住んでみたい
京都の日常を味わいたい方はぜひ〝ニューチブラ〟してみてください
銘酒 神馬

文庫版おまけガイド
この文庫本の担当編集者が言った
京都で京情緒があっておもしろいお店や社寺もあって
でもまだあまり知られてないエリアってないかしら？
東京出身→
えーそんなところ…
グ

魅惑の旧五条楽園周辺ガイド

——はここにあります！

五条通～七条通間の高瀬川沿いはかつて〝七条新地〟とか〝五条楽園〟と呼ばれた旧・花街だ

京都駅から徒歩圏内！

わあ私ここ初めて来た

何この建物 舞妓はんとか出てきそう

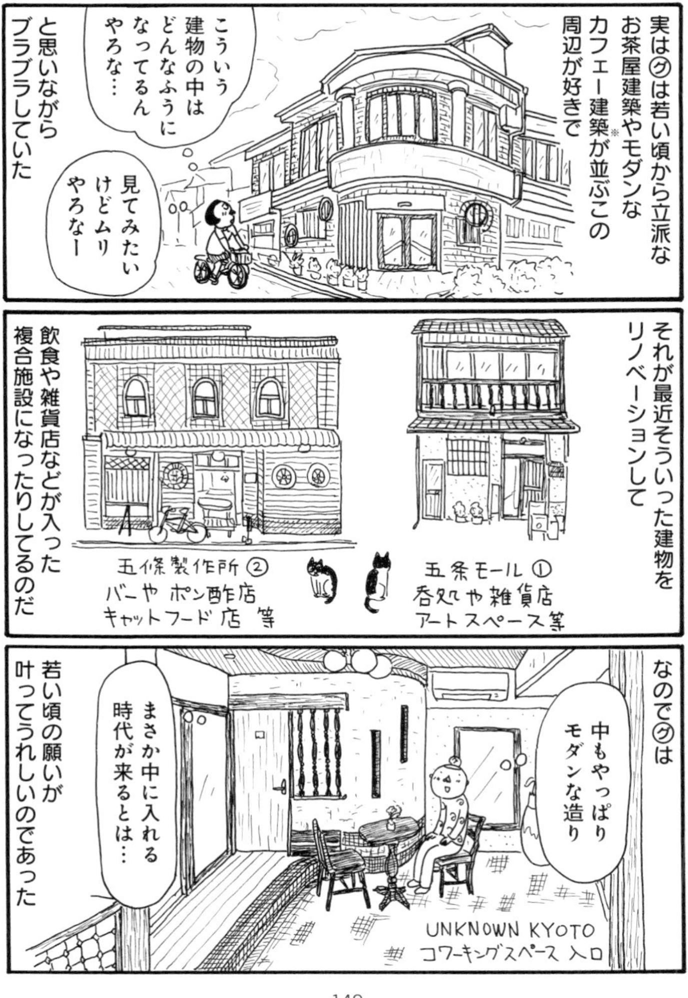

実は(グ)は若い頃から立派なお茶屋建築やモダンなカフェー建築※が並ぶこの周辺が好きで

こういう建物の中はどんなふうになってるんやろな…

見てみたいけどムリやろなー

と思いながらブラブラしていた

それが最近そういった建物をリノベーションして

五条モール①
呑処や雑貨店
アートスペース等

五條製作所②
バーや ポン酢店
キャットフード店 等

飲食や雑貨店などが入った複合施設になったりしてるのだ

※洋風の洒落た外観のお店の様式。

魅惑の建築 リノベーション

③UNKNOWN KYOTO ④にこみ屋六軒 ⑤川間食堂 ⑥Kaikado Cafe ⑦山内任天堂旧本社屋

改装美 ③UNKNOWN KYOTO

お茶屋として使われていた2棟をリノベーションした宿泊施設と食堂とコワーキングスペース。元の建物に対しての敬意が感じられる洗練された改装美。食堂は昼間はランチと喫茶。夜は居酒屋で良心的なボリュームとおいしさ。そして落ち着いて仕事ができそうなコワーキングスペースは2時間500円。宿泊者は無料で使用できます。宿泊はドミトリーもあって京都市内に住んでる人でも飲みすぎたーなんて時に気楽に泊まれそう。

UNKNOWN KYOTO ☎075-746-4635
https://unknown.kyoto/

こちらが宿泊とコワーキングスペース入口

こちらが食堂

うまし ④にこみ屋六軒（ろっけん）

こちらもお茶屋をリノベした居酒屋さん。タイルをふんだんに使った改装がカッコいい。入口の屋根には厄を払ってくれる鍾馗（しょうき）さんもいます。

店名についている〝にこみ〟以外にもメニューは豊富でどれも丁寧に作られたおいしさ。堪能（たんのう）してお店を出たら鍾馗さんが「どや実力派やろ」と言っているような気がします。

にこみ屋六軒 ☎075-708-2099
水曜休

ながめよし

⑤ 川間食堂

モーニング（朝8時から）とランチとテイクアウトのお店で、店名は鴨川と高瀬川の間にあるからこの名前だそうです。メニューはライスバーガーとサンドイッチ。でも何よりのごちそうはガラス戸ごしに見える鴨川のながめ。朝からまったりするのにうってつけのお店です。

川間食堂　木曜休
☎075-344-0917

香り高き

⑥ Kaikado Café

手作り茶筒の老舗開花堂が手掛けるカフェで、昭和2年に建てられた旧京都市電の施設を改装されたそう。外観はすこぶるシブく、改装された店内は天井も高く、メニューのお値段も高めだけどその分コーヒーやお茶の香りも高い。選ばれし食器もクオリティが高い、いろいろセンスが高いカフェである。

Kaikado Café　木曜・第一水曜休
☎075-353-5668

近いうちに

⑦ 山内任天堂旧本社屋

あのゲーム機の「任天堂」は、ここで山内任天堂として明治22年に創業されたそうです。そこに建つ建物は昭和5年のもので、近代建築好きならヨダレを流さない人はいないでしょう。そんな建物がなんと近いうちに外観は極力残してホテルに改装されるそうで、外観といわず、今まで見ることの叶わなかった内観もぜひ残していただきたいものです。

山内任天堂旧本社屋

ナゾの黒い家

⑧源融の木と榎木大明神

旧五条楽園の入口には榎の大樹がある

そしてこの大樹に寄りそうように——

この榎 源氏物語の光源氏のモデルとされる源融の邸内にあったとか

中は祠になってるんだ

そう

謎の黒い家がある

なぜかこの家 鳥居が張りついているのだ

こ…ここは…

なんか…写真撮ったら何か写りそうやろ

おがむだけ

そこには〝榎木大明神〟とお稲荷さんが祀られていた

それにしてもここって家の一部が祠なワケよね
何かのお店？
う〜んお店ってワケじゃなさそう 誰かが住んでるんやろうけど…
住むにもなんか覚悟がいりそうな家で 五条楽園の入口はミステリアスであった

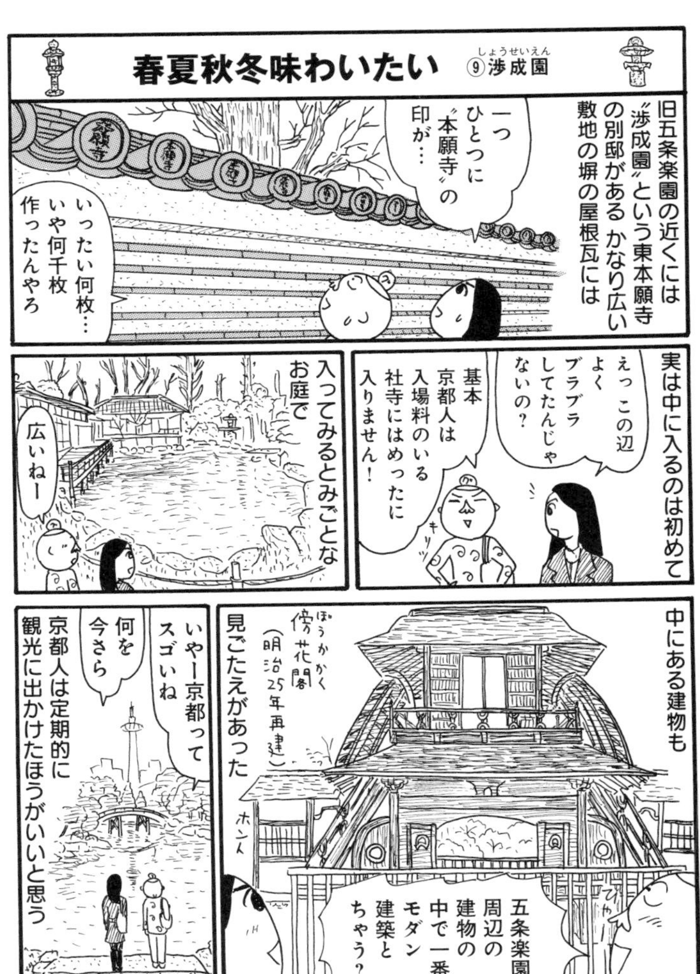
春夏秋冬味わいたい
⑨涉成園（しょうせいえん）
旧五条楽園の近くには〝渉成園〟という東本願寺の別邸がある かなり広い敷地の塀の屋根瓦には
一つひとつに〝本願寺〟の印が…
いったい何枚…いや何千枚作ったんやろ
実は中に入るのは初めて
えっ この辺よくブラブラしてたんじゃないの？
基本京都人は入場料のいる社寺にはめったに入りません！
キリッ
入ってみるとみごとなお庭で
広いねー
中にある建物も
見ごたえがあった
傍花閣（ぼうかかく）（明治25年再建）
ホンハ
五条楽園周辺の建物の中で一番モダン建築とちゃう？
いやー京都ってスゴいね
何を今さら
京都人は定期的に観光に出かけたほうがいいと思う

女人よ祈れ
⑩市比賣神社
いちひめ
カードを供養するカード塚
ちっさいダルマ型おみくじ
姫みくじ
市比賣神社はご祭神がすべて女性の神様で
入口の上マンションなんだ
女人の願いを叶えてくれるという神社だ
市比賣神社
ホンマやー
カード型のお守りが人気
"することなすことうまくゆく"だって
申し込む!!
カードに名前を入れてくれる
おまいりをしているのは"女人"ばかりだった
ご神水を飲み祈ると願いが叶う
天之真名井
あめのまない
みんな一生懸命祈っていた
奉納された姫みくじがぎっしり
…そうだ
この場所にあるってことは
"七条新地""五条楽園"で働いていた"女人"もきっとここで
一生懸命祈っていたことだろう
"女人"の強い思いをずっと受けとめてきた神社
なんだか過去の"女人"を身近に感じるよ
とってもありがたい場所だと思う

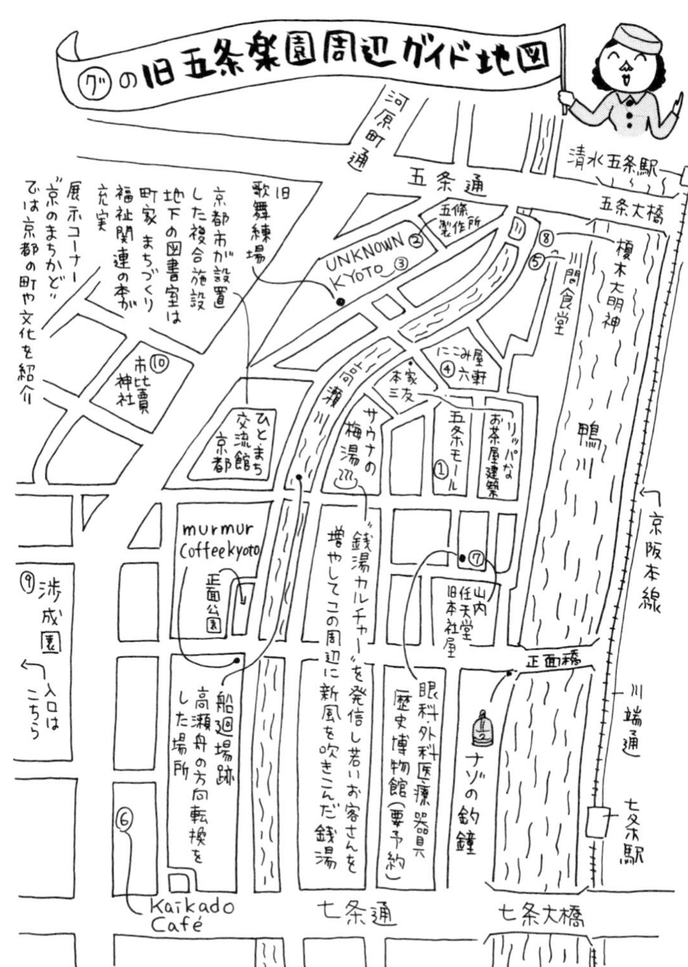
グの旧五条楽園周辺ガイド地図
河原町通
五条通
清水五条駅
五条大橋
五條製作所 ②
UNKNOWN KYOTO ③
旧歌舞練場
京都市が設置した複合施設
地下の図書室は町家まちづくり福祉関連の本が充実
展示コーナー"京のまちかど"では京都の町や文化を紹介
⑩市比賣神社
ひとまち交流館京都
高瀬川
⑪
⑧榎木大明神
⑤川間食堂
にこみ屋 ④六軒
本家三友
サウナの梅湯
①五条モール
リッパなお茶屋建築
鴨川
京阪本線
murmur Coffee kyoto
正面公園
⑦山内任天堂旧本社屋
"銭湯カルチャー"を発信し若いお客さんを増やしてこの周辺に新風を吹きこんだ銭湯
⑨渉成園
入口はこちら
船廻場跡
高瀬舟の方向転換をした場所
眼科・外科医療器具歴史博物館(要予約)
正面橋
ナゾの釣鐘
川端通
七条駅
⑥
Kaikado Café
七条通
七条大橋

文庫版あとがき

京都の取材をするたびに、いつも思う。

京都、知らんとこだらけ…

ホントに自分は京都で生まれ育ったんかと思うほどだ。特に、この『京都深掘りさんぽ』では、実際行ったこともない〝知らんとこ〟はもちろんのこと、行ったことのある東寺、二条城、哲学の道といった超メジャーな観光スポットもその道のツワモノと一緒に行けばフレッシュな〝知らんとこ〟みたいで、いったい今まで私、何を見てたんやと何回も思わされました。そして同時にこうも思った。

京都、めっちゃ愛されてる…

京おんなの大学教授、自宅の京町家をレンタルスペースにしたオーナー、こよなく工芸品とその職人を愛する伝統工芸ライターとベラルーシ女性、地元愛あふれる山科女性、私がひしひしと味

わった、案内者の〝京都愛〟がこの本を読んでくださった方にも伝われば幸いです。

そして、文庫化にあたって、閉店したり引っ越したりしたり改装したりしたお店の情報を描き直したり、新たな漫画を描き足したりしました。何十年も何百年も変わらない町のようでいて、目まぐるしく変わるところは変わる、目が離せない町、京都。

京都が魅力的だから愛されるのか、愛されるから京都が魅力的なのか、とにかく、令和と元号が変わっても、疫病が流行（はや）っても、京都を愛する人がいる限り、京都は魅力的であり続けることでしょう。

そうだ、この本も、京都を愛する編集者さんのおかげで文庫化されました。小学館の片江佳葉子さん、ありがとうございました！　また〝京都掘り〟に来てください。

では、この本が皆さまの〝京都掘り〟のお役に立ちますように！

令和二年五月吉日　グレゴリ青山

本書のプロフィール

本書は、二〇一七年七月に単行本として集英社インターナショナルより刊行された『深ぼり京都さんぽ』に加筆・文庫化したものです。

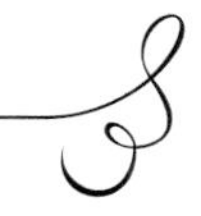

小学館文庫

京都深掘りさんぽ

著者　グレゴリ青山

二〇二〇年七月十二日　初版第一刷発行

発行人　飯田昌宏
発行所　株式会社 小学館
〒一〇一-八〇〇一
東京都千代田区一ッ橋二-三-一
電話　編集〇三-三二三〇-五八二七
　　　販売〇三-五二八一-三五五五
印刷所 ―――― 凸版印刷株式会社

この文庫の詳しい内容はインターネットで24時間ご覧になれます。
小学館公式ホームページ　https://www.shogakukan.co.jp

ISBN978-4-09-406792-7